# 諸国鉄道空撮記 空鉄

SORA TETSU

吉永陽一



天夢人
Temjin

# 空鉄 SORA TETSU

## 諸国鉄道空撮記

目次

# はじめに——吉永陽一の鉄道空撮とは？

## 鉄道を空撮する

鉄道を空撮していると言うと「ドローンで撮っているの？」と聞かれることが多い。近年はドローンの発達が目まぐるしく、人々の生活に浸透しているのでイメージしやすい。私はドローンではなく、小型機（セスナ機）やヘリコプターに搭乗して撮影する、昔ながらのオーソドックスな空撮である。

私は空撮業がメインの業務である写真作家だ。鉄道を空撮し始めたから、かれこれ15年ほど経った。空からみる鉄道は、大変面白く興味深い。上空の様々な角度から鉄道を観察でき、その路線特有の構造、周囲の地形、街のつくりといったものが鳥瞰で観察できる。

例えば、勾配緩和のために線路を付け替え、旧線の痕跡が一筋の線となって山肌を回り込んでいるのが判別できる。車両基地とターミナル駅が隣接して、複雑に絡み合う線路が真上から見ると配線図のようだ。遠くの街は低層の古い街並みなのに対し、手前の駅周辺はニュータウンとなっていて、街と人の流れと駅との関係と歴史を推察できる。鳥瞰目線は客観的に観察できると同時に、その鉄道の生い立ちなどの歴史も匂わせてくれる。

そのようにして空撮してきたものを、本書にまとめた。「諸国」とは国内各地のことを指し、北海道から九州まで空撮してきた鉄道路線の中から、各テーマに沿ってピックアップしている。主にＪＲ路線を中心とした。なお、各写真説明の文末にある日付は撮影日である。

## 空撮のきっかけとは

ではなぜ空撮で鉄道を撮ろうと考えたのか？　それは第一に空を飛ぶという憧れだ。幼少期より鉄道と飛行機が好きであったため、空を飛ぶ憧れは強かった。学生時代に愛読していた鉄道月刊誌には写真家花井健朗氏が鉄道空撮を連載されており、その世界観に衝撃を覚えた。私が熱視線を向けていた先人がいるのである。

鉄道から写真へ興味を覚え、鉄道空撮に衝撃が走り、とはいえ、空撮はどうしたらいいか分からない未知の世界だ。大学で写真を学び、卒業後しばらくは建築模型分野で働きつつも、写真の道を模索する。建築模型は建物空撮資料を扱うゆえ、空撮が身近であったのが幸いした。いつぞやの憧れを実現しよう。片っ端から空撮会社へ連絡し、とある会社で実践しながら空撮を身につけていった。

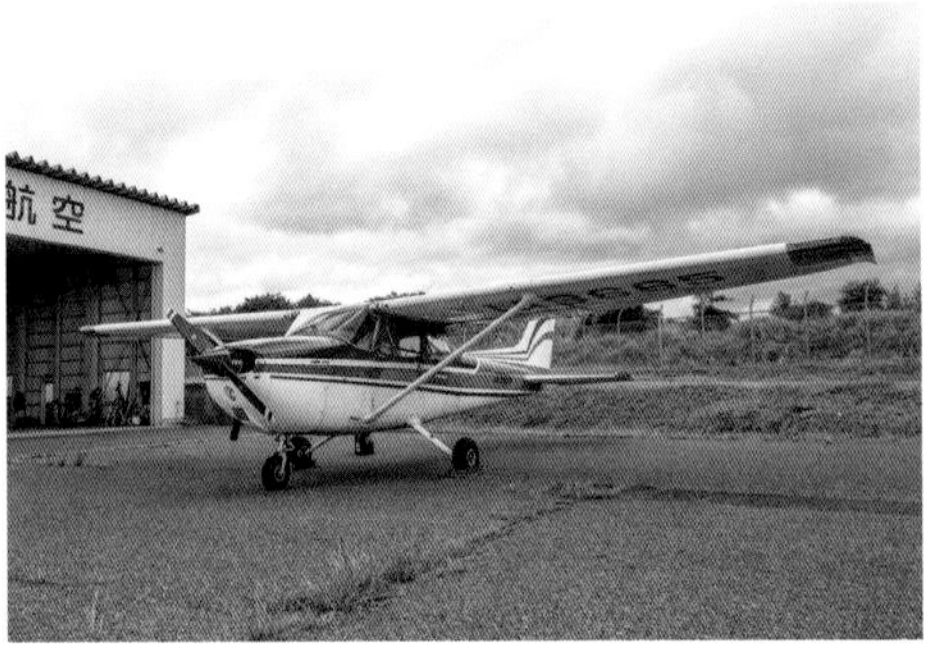


空撮で使用回数が多いのはセスナ社のセスナ172型だ。改良を重ねてきたロングセラーである。この機体は半世紀ほど前から飛び続けてきたＭ RAM型

この本では国内の「諸国」を紹介するが海外でも空撮をしたことがある。シアトルの貨物基地をR44型ヘリで空撮するところ。ドアは外して撮る

## どのように空撮するか

空撮の世界へ踏み入れた2004年ごろは、まだドローンどころかデジタルカメラすら普及しておらず、フィルムでの空撮であった。カメラは露出計もついていないフルマニュアル。中判用と大判用があった。それが2008年ごろになってデジカメも高画素化しつつあり、空撮でも導入されていった。撮影結果が現像あがりの翌日ではなく瞬時に分かり、ISO感度も撮影しながら変更できる。文明の力は偉大であると心底感じた。

デジカメは地上で使用するのと同じタイプだ。搭乗する飛行機は4人乗りの小型機で、日本ではセスナ社製一択のため、セスナ機が代名詞となっている。もう一つはヘリコプターである。チャーターコストなどの理由でセスナ機が多い。

航空の世界では、セスナ機や旅客機のように翼が固定されているのを「固定翼機」、ヘリコプターはローターが回転するので「回転翼機」と分別される。ヘリのローターはプロペラではなく翼の一種である。

空撮はざっと大別して「斜め撮影」と「垂直撮影」がある。私が空撮するのは斜め撮影で、斜め角度から空撮する方法。被写体によってレンズを向ける角度が異なる。ジオラマを撮影するときに斜め上から角度を浅く、あるいは深く撮るが、言ってしまえばそれと同じような感覚だ。パイロットの後ろ席に座るため左後席が定位置で、A3用紙ほどの窓を開けて撮影する。

もう一つの垂直撮影は航空測量で、現場では「航測」と略していうことが多い。機体の真下にレンズ穴が開き、測量用の特殊な大型カメラで撮影していく。成果物は地図や行政資料など多岐に渡る。

さらに斜め撮影でも垂直写真は撮影する。これは機体を垂直に近い角度まで傾けさせて撮る方法だ。実際には90度直角ではないから、測量用に比べると建物などに角度がついているものの、例えば工事現場や遺跡などの現況が分かりやすく、斜め空撮ではよく行う。この本でも駅などで垂直に近い写真は、同じように傾けさせて撮影している。

### 空撮の流れ

どの撮影分野でも言えることだが、基本は「どこで、何を、どのように撮るか」である。目的の被写体を調べ、撮影計画を立てて実行する。ただ異なるのは、撮影するために航空機をチ

セスナ機から空撮するときに見える光景だ。竜飛岬である。窓は開いた状態だ。危険防止のため窓枠から外へレンズを出さずにカメラを構える

ャーターし、パイロットと二人三脚で行わねばならない。

チャーター経費は一般的なレンタカーよりも10～50倍高額だ。しかも1日料金ではない。1時間単位である。そのため、無駄なく効率的に撮るのがベストだ。計画段階では撮影対象を絞り出し、最適な飛行ルートを作成する。

航空分野は様々な決まりごとがあるため、そのルートが妥当かどうか、また空港や自衛隊・米軍基地と撮影箇所が近接する場合があるので、パイロットと事前打ち合わせをし、空港や基地に近接するならば空港や基地の管制などへ事前に飛行許可申請をする。

撮影場所、どの方向から撮るか、撮影する高さ＝高度はどうするか、それらのことを事前に計画し、撮影イメージをつくる。さぁ、いざ当日になったら雨。そんなこともある。空撮機は定められた視程がなければ飛行できない。様々なルールは飛行安全上のためなので、その範囲内での撮影となる。天候もある程度は事前に調べ、この季節ならば安定傾向という時期を狙う。もっとも近年は毎年極端に変な気候のため、天候のデータが役に立たないことも多くなってきた。これればかりはどうしようもない。なるべく安定した時期を狙うことを心がけるしかない。

天候も撮影準備も整い、あとは飛行して撮影をこなす。しかし、予想外のことは起こるというもの。現地へ行ったら想定外に曇ってしまった。空港の管制から「着陸機が多いため何十分後に進入許可を出せる」といった、突発的なことは日常茶飯事。そのためいくつかのプランを用意しておくか、機内で予定を組み換える臨機応変さが求められる。ただずっと待っていては、時間と経費がかかっていく。

成果物の一枚の空撮が、人々の感動と驚きをもって迎えてくれると、作者としては嬉しい限りである。

2021年10月

吉永陽一

ロンドンで双発機を借りたとき。空撮用の窓がない機体のためドアを外して命綱をつけて空撮した。窓やドアが開いているときは落下物に気を付ける

第1章

# 空から見る鉄道史

# 現代の姿から見る「鉄道のはじめて」

## 新橋（汐留）—品川—横浜

田町駅方向から品川駅をみる。品川開発プロジェクトによって旧車両基地は再開発地区となり現在は高輪築堤が発掘調査中。ビルの列あたりが昔の海岸線で築堤と石垣がある。高輪築堤の場所はビル街区となるため全保存は困難だが一部を現地と移設保存が決定。文化庁の審議会は「明治の文明開化を象徴する重要な遺構」として萩生田文科大臣へ答申。保存される築堤は国の史跡へ指定された。令和3(2021)年7月20日。

品川駅の開業当初は海辺の小さな相対式ホームの駅で現在地よりも400m南にあった。現在は大規模な改良工事中である。右端の京急は戦前に完成した高架駅を地上にする。山手線直上は今後拡張する北側コンコースと新規北口駅前広場の土台部分。令和3(2021)年5月14日。

新橋駅は「旧新橋停車場鉄道歴史展示室」として復元。8車線道路と高層ビルの合間に見える。灰色の左右対称の建物だ。ここは国鉄末期の昭和61(1986)年までは汐留貨物駅であった。現・新橋駅は明治末期の高架構造のため耐震補強工事を施し大屋根を設置中だ。令和2(2020)年9月29日。

現在の横浜駅。写真中心の首都高速道路付近が海上築堤のあった場所。また横浜駅は2度移転した。最初の移転は大正4(1915)年に写真右の川の分岐付近へ。初代横浜駅は桜木町駅と改称した。写真奥の白く細長い屋根が桜木町駅だ。2代目横浜駅は関東大震災で罹災して現在地へ移転した。令和3(2021)年7月12日。

高輪築堤。発掘されて注目を浴びたのは石垣と橋梁部分がそのまま残されていたこと。これは第七橋梁と呼ばれる橋台で漁師の小舟を通すために設置され消波用の杭も残る。第七橋梁は現地保存と史跡指定が決定された。他の場所では信号機土台も発見された。それは移築される。令和3(2021)年3月30日。

## 汽笛一声から約150年後の新橋・品川・横浜

明治生まれの曽祖父から「若い時に新橋の停車場へ行くと、石造りの駅舎だった」と聞いたことがある。その駅舎は明治5（1872）年10月14日（旧暦9月12日）、日本初の鉄道として新橋〜横浜間

品川開発プロジェクトは高輪築堤一部保存により3街区建物の計画変更を行う。詳細に記録して解体される記録保存箇所もあり「行灯殺し」と渾名された背の低い高輪ガード部分(水路の右側)も記録保存箇所だ。ここも第七橋梁と同じく水路であったのを道路にしたという。写真は工事で迂回路となったガード部分。令和3(2021)年7月20日。

が開通する際に建設されたものだ。

曾祖父が石造り駅舎を見た時はおそらく大正初期だ。そのときの新橋駅は東側の高架駅へ移転し、旧新橋駅は汐留貨物駅となり、駅舎は残存していたものの、残念ながら1923（大正12）年の関東大震災で倒壊した。

日本初の鉄道は、イギリスから資金と技術援助を経て、明治3（1870）年に工事を着手。開業式4ヶ月前の6月12日（旧暦5月7日）、先に工事が完成した品川～横浜間を仮開業した。

新橋～品川間は、今でこそビルがひしめくが明治初めは海岸線であった。線路は海岸線を通す計画が、軍（兵部省）敷地を通るため反対されて測量すらできない。そこで民部大輔・大隈重信の英断により、海上に築堤を造成して線路を敷設する大工事を敢行した。

明治・大正・昭和と、築堤と海は埋め立てられた。埋立地は巨大車両基地群となり、平成末期にはその車両基地も廃止。山手線と京浜東北線は東側へ移動し、新駅「高輪ゲートウェイ駅」が誕生した。

旧山手線の線路を剥がして掘削すると、海上築堤が石垣や橋台も残された状態で出土された。歴史の彼方へ消えたものが、鉄道開通150周年を前にして発掘されたのだ。遺構は「高輪築堤」と命名された。

海上築堤はもう一ヵ所ある。横浜駅周辺だ。江戸末期の横浜港は入海で、外国人居留地と貿易港となった。横浜は外国との玄関口で、居留地の北に横浜駅を設置。入江をショートカットしながら海上築堤を建設する。品川の築堤よりも幅が広い曲線で、線路だけでなく町も形成された。築堤事業は幕末の実業家・高島嘉右衛門が引き受け、今は高島町となっている。築堤はその後の入海埋め立てによって陸続きとなった。

開通当初の情景はどんなものであったか。英国人イザベラ・バード著『日本奥地紀行』（平凡社刊）では、明治11（1878）年5月24日に横浜から乗車した際の日記がある。抜粋する。

〝すばらしい鉄道で、砂利をよく敷きつめた複線となっている。長さは18マイル。鉄橋あり、こぎれいな停車場あり……東の涯の岸辺には、何マイルにもわたって江戸湾の綺麗な青い海がさざなみを立て、数かぎりない漁船の白帆を明るく反映していた。……〟と、約1時間の汽車旅の車窓に釘付けとなって、その情景を克明に記録している。

現代の車窓は東京湾の海原が見えないほど建物が密集し、海岸線は埋め立てられて遠くなった。沿線の自然は街となり、発展し肥大化する都市の一部へ飲まれたのだ。マッチ箱客車の汽車も、15両編成の電車へとなった。

汽笛一声を思い浮かべながら空撮をする。街と車両は激変したが、線路の位置は新橋駅と田町～品川駅間を除けばほぼ同じ。震災や戦災を乗り越え、令和となって海上築堤が現れた。日本初の鉄道区間はロマンがある。写真は150年後の今の新橋、品川、横浜を紹介する。

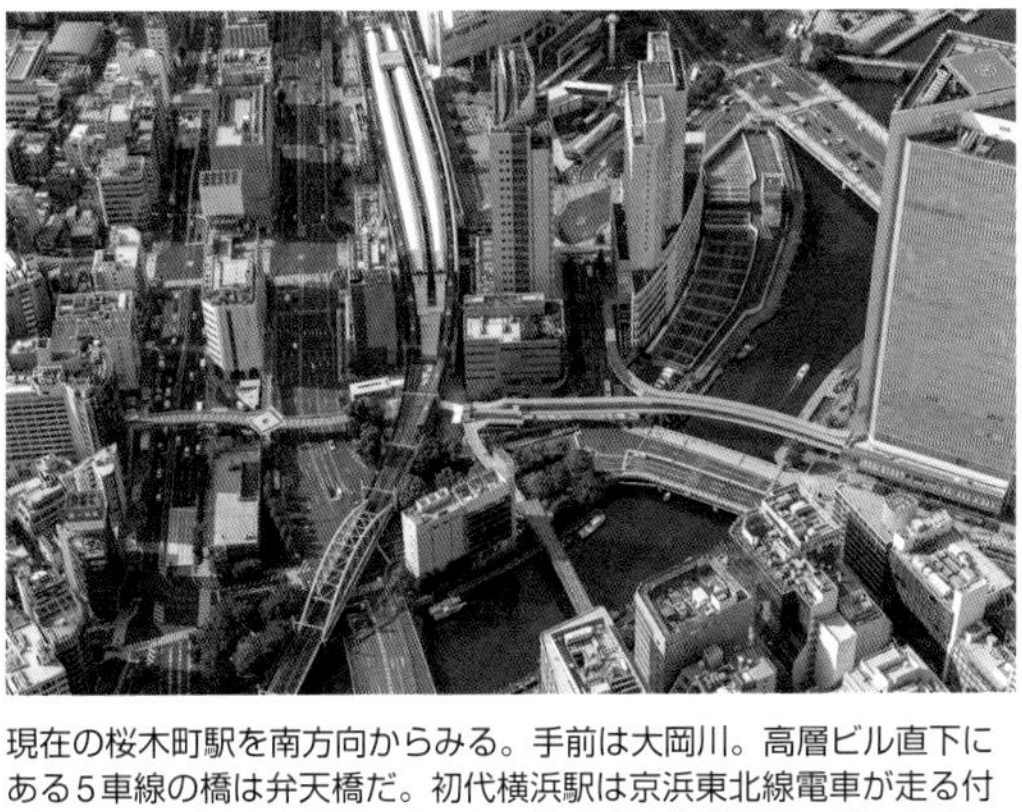

現在の桜木町駅を南方向からみる。手前は大岡川。高層ビル直下にある5車線の橋は弁天橋だ。初代横浜駅は京浜東北線電車が走る付近にあったが関東大震災で失った。弁天橋は鉄道開通の頃から同じ位置のため初代駅舎のあった場所もおおよそ推測できる。

# 神戸—大阪—京都

大阪駅と淀川を北東方向からみる。関西初の鉄道は東海道本線となり右手の塚本駅にて北方貨物線とデルタ線を形成。淀川を渡り高層ビル群のある辺りで大阪駅。再度淀川を渡り新大阪駅へ至る。平成28(2016)年4月30日。

旧東海道本線の線路部分。連続立体交差事業が真っ最中の阪急淡路駅を東からみる。縦のラインが転用された線路の部分で阪急京都線が使用する。令和3(2021)年5月3日。

神戸駅を東からみる。ラストランの「特別なトワイライトエクスプレス」が通過する。神戸駅開業時は左手のオフィス街が貨物取扱所と機関庫であった。山陽鉄道(現・山陽本線)が接続して行き止まりからスルー式の駅構造となった。平成28(2016)年3月22日。

大宮通仮停車場は南北を貫く大宮通にあったそうだ。京都駅延伸までの半年間のみの営業で痕跡はない。その場所は写真左下付近だ。ここは京都鉄道博物館と動態保存の蒸気機関車が汽笛をあげ関西の鉄道の歴史を感じさせるエリアとなった。平成28(2016)年4月29日。

## 貿易港から町外れを経由し京へ
## 線路付け替え区間は阪急となる

山崎～長岡京駅間で名神高速道路と交差する381系特急電車。この車両も現在この区間では走っていない。桂川と天王山に阻まれた狭い場所に線路が建設された。山崎の戦いの碑がある付近。平成27（2015）年10月22日。

新橋～横浜間が開通して、日本初の鉄道が産声を上げたころ、2番目となる鉄道が関西で建設途中であった。神戸～大阪・京都間の鉄道である。

神戸は幕末に外国人居留地ができ、貿易港も誕生した。鉄道は居留地に隣接して建設され、明治3（1870）年から測量と工事が開始された。

大阪までの行く手には、いくつかの河川が立ちはだかる。そのうち兵庫県内に流れる石屋川、住吉川、芦屋川は天井川のために川の下を潜ることとし、日本初の鉄道トンネルを建設した。トンネルは複々線化や高架化によって解体されたが、住吉川と芦屋川は今でも川の下を潜る。

川幅の大きな河川もあった。十三川、武庫川、神崎川、淀川は橋梁を架け、イギリスから輸入された鉄橋が架かった。初めに竣工したのは明治7（1874）年1月の十三川橋梁である。この1径間が淀川に架かる十三大橋の側道道路橋として再利用され、147年経った現在でも橋として活躍している。

大阪駅は、計画段階では堂島辺りに頭《とう》端式《たんしき》と呼ぶ行き止まり方式にする予定であった。が、堂島は栄え、用地買収は難航する。ここをターミナルにすると、神戸から京都まで走るのに、いったん堂島でスイッチバックする必要がある。

そこで、堂島の北側に位置する曽根崎村梅田に白羽の矢が立った。周りは墓と田畑で用地買収も容易だ。駅構造はスルー方式にして京都までの延伸も楽である。神戸～大阪間は明治7（1874）年5月11日に開通。京都までは達していないため仮開業扱いであった。

大阪より先は再び淀川を渡り、一路京都へ。明治9（1876）年7月26日に向日町まで延伸開通し、すぐに大宮通仮停車場まで延びた。明治10（1877）年2月6日、京都まで開通。この日が神戸～大阪～京都間の正式開業である。

開通から150年近く経ち、上空から見て開通当時を偲ばせるものは線形であろう。高高度から見た大阪駅界隈は淀川を二度渡る。もし堂島が駅であったら、どんな線形となっているのか。おそらく新橋のように線路を付け替えたと思うが、仮の世界を想像してみると面白い。

線路付け替えといえば、その後の大阪～京都間では実際に付け替えた。大正2（1913）年、大阪～吹田間が現在の線路の位置へ移設される。旧線は廃線跡となり街へ飲まれたのかと思えば、現在の阪急京都線と千里線が使用している。

千里丘陵の宅地開発を目的とした不動産会社が鉄道会社を計画して北大阪電気鉄道を設立し、この旧線を払い下げられた。旧線の大部分は北大阪電気鉄道の線路として再出発。北大阪電気鉄道は戦後阪急電鉄千里線となる。活用された旧線は千里線と京都線が使用し、淡路駅がある。淡路駅は連続立体交差事業により、大規模な再開発中だ。

関西初の鉄道は、京阪神を結ぶ幹線である。新橋～横浜間と同じく開業時の名残はほぼ無いものの、大宮通仮停車場跡付近にある京都鉄道博物館では大正から昭和の蒸気機関車が動態保存され、いまも汽笛が聞こえるのが嬉しい。

# 札幌—手宮（小樽）

手稲駅方向から手宮・小樽方面をみる。巨大な車両基地は札幌運転所だ。昭和40(1965)年に開所した。その先は山々が迫り石狩平野が終わる。線路は稜線に沿って石狩湾沿いを進んでいた。現在は住宅地が密集しているが明治の開通当初は荒地であった。平成26(2014)年11月27日。

## 石炭輸送を目的に線路が敷かれた

札幌近郊を空撮して思うのは、線路が大地にまっすぐ延び、ときおり防雪林があって、日本離れした風景に大陸を連想させることだ。

そういえば北海道初の鉄道は、蒸気機関車がアメリカンスタイルであった。鉄道博物館に展示されている「弁慶号」の風貌を思い出す。傍らに展示される新橋〜横浜間の蒸気機関車150形は機関車トーマスに似ていて、弁慶号は西部劇映画に登場するものと酷似している…

日本の鉄道は、本州はイギリスから、北海道はアメリカから輸入された。なぜ北海道はアメリカ?と疑問になる。箱館戦争後、明治政府が蝦夷地を北海道と改称し「北海道開拓使」を発足させて開拓を押し進めた。その際に、大陸を開拓したアメリカに倣って進められたのだ。

鉄道技師はジョセフ・U・クロフォードが招聘された。クロフォードは鉄道建設の測量に従事し、アメリカの鉄道技術を伝え、北海道の鉄道開発に貢献した。

北海道の鉄道は、石炭輸送を目的とした。資源調査によって、札幌の東、幌内川の上流に良質な炭田が発見される。そこは後の幌内炭鉱となる場所で、産出された石炭を輸送するため、幌内〜幌向太〜札幌〜手宮（小樽）のルートで、鉄道を敷設することとなった。手宮では岸壁に鉄道桟橋を設け、石炭を直接船積みできる設備も整えた。

この時陸揚げされた蒸気機関車が、弁慶号である。煙突上部が算盤玉のように膨らみ、大きなベル、カウキャッチャーと呼ぶ先頭部の動物避けの柵が特徴的だ。

明治13（1880）年11月28日、札幌と手宮が結ばれた。鉄道会社名は官営幌内鉄道で、ほどなくして幌内まで延伸し、石炭輸送に活躍する。その後南小樽駅で小樽方面が分岐。南小樽〜手宮間が手宮線となった。

現在は、荒地であった開通当時が大都市となり、電車が俊足で駆けている。手宮の桟橋は跡形もないどころか、手宮線もとうに廃止された。それでも足跡は辿ることができる。廃線跡は散策道となり、手宮は小樽市総合博物館として道内の歴史を今に伝えているのだ。

真上からみた札幌駅。手前が南側である。明治13(1880)年に開業した札幌駅は平成2(1990)年に高架化となった。平成15(2003)年には高さ173mのJRタワーが開業した。平成26(2014)年11月27日。

張碓トンネルを海側からみる。当初は海岸線に線路があった。複線化して張碓トンネルが完成する。昔は採石場もあり左手のトンネル出口から海岸線まで側線が延びていたという。平成27(2015)年5月1日。

(上)小樽の街を斜めに貫く黄土色の線が手宮線の跡であり北海道初の鉄道の跡である。一部は線路が残って遊歩道化され手宮駅跡の小樽市総合博物館(左奥)へ続く。手宮線は明治末期から戦時中まで複線で戦後は貨物線となった。廃止は昭和60(1985)年。平成27(2015)年5月1日。

(下)手宮駅跡は小樽市総合博物館である。7100形「しずか号」など静態保存車両がある。またアメリカから蒸気機関車アイアンホース号(明治42(1909)年製)が動態保存されて構内運転をする。レンガ造りの扇形車庫は手前が一号で奥が三号。転車台と共に手宮駅が現役の頃からあった。現在でも蒸気機関車を格納している。平成27(2015)年5月1日。

松山―三津

## 四国初の鉄道は私鉄

松山市内の足・伊予鉄道は、路面電車の市内線と鉄道線の2種類ある。市内線には路面電車車両のほか、蒸気機関車風のディーゼル車がマッチ箱客車を繋げて走る。列車の名前は「坊っちゃん列車」。夏目漱石の小説『坊っちゃん』に登場する列車をモチーフにしている。

坊ちゃんでは、主人公が汽船から港へ上陸し赴任先の中学校へ移動するとき、〝乗り込んでみるとマッチ箱のような汽車だ〟と記されている。この汽車は伊予鉄道のことを指す。

小説が発表された当時、松山の鉄道は伊予鉄道のみ。明治21（1888）年10月28日に松山（現・松山市）〜三津間が開通し、四国初の鉄道となった。

まだ鉄道が珍しい明治時代半ば、松山に鉄道を走らせようと材木輸送を営む小林信近が中心となり、松山〜三津間の私鉄を計画し、鉄道局へ鉄道建設の申請をする。まだ私鉄が日本鉄道と阪堺鉄道の2社しかなく、経営が困難ではとの判断で申請は却下される。小林は鉄道局と交渉を続け、その甲斐あって、ついに鉄道局から建設許可を得たのである。

伊予鉄道では、ドイツ・クラウス社製の蒸気機関車が小型客車を牽引した。夏目漱石は明治28（1895）から1年間、旧制中学校の教師として松山へ赴任しているので、乗車したのはこの列車である。乗車した経験が小説に活かされたのだろう。

四国初の鉄道は高浜線の区間にあたる。愛媛みかんを連想するようなオレンジ一色の3両編成の電車が鮮やかで、街によく映える。伊予鉄道は約130年も地域輸送に勤しんでいる。マッチ箱客車のSL風列車も、いまやすっかり松山のシンボルの一つだ。

市内線の道後温泉駅で休む坊っちゃん列車。現在は土日中心の不定期運行だ。客車屋根のビューゲル（集電装置）はダミー。ポイントや信号操作を行うトロリーコンタクターの操作に使う。令和2（2020）年10月30日。

市内線が高浜線を斜めに交差して離合する古町駅と車両基地。市内線は大手町線・花園線・城南線・城北線・本町線。主に松山城を中心にして路面区間を走る。鉄道線は横河原線・郡中線・高浜線。松山市内の東西北の市街を結ぶ。開通時は762mmの軽便鉄道規格で軽便規格としては日本初の鉄道である。令和2（2020）年10月30日。

# 博多―久留米

博多駅は昭和38(1963)年に左手から現在地へ移転。旧線跡は斜めの並木道だ。旧駅の場所は街となった。鹿児島中央行きの九州新幹線N700系が博多駅を後にする。九州初の私設鉄道は明治19(1886)年に私鉄での鉄道建設を許可される。令和3(2021)7月27日。

久留米〜肥前旭間をいく「SL人吉」号。煙を吐かない平坦な区間ゆえに引き絵だと蒸気機関車というより黒い列に見えるのは致し方ない。この区間は九州新幹線の線路も並行する。久留米まで開通の際は資材をドイツから輸入して建設。全てドイツ式で運行を開始した。令和3（2021）年7月27日。

## 九州初の鉄道は官設鉄道ではなく私鉄での出発

東京、関西、北海道の鉄道は、政府主導で建設された。西南戦争や度重なる内戦によって政府は財政難となり、鉄道建設はトーンダウンする。代わって、私鉄による建設が行われ、日本初の私鉄・日本鉄道が東日本の鉄道網をつくった。

ちょうど1880年代後半は、商人や地主などの投資欲が増していた。日本鉄道の発展も後押しして、私鉄設立は投資に最適とばかりに、次々と鉄道会社が起業した。鉄道熱にうなされる世の中に、鉄道局の井上勝が警鐘を鳴らすほど。そんな世の状況で、九州初の鉄道は私鉄として建設される。

福岡、熊本、佐賀、長崎四県の発起人が、九州鉄道を設立。九州に鉄道が開通すれば日本列島を縦貫する鉄道網も拡充でき、また九州鉄道は幹線になるため、政府からの助成を受けて建設が進む。

いっぽう、日本初の鉄道開通から20年近く経過したとはいえ、技術はまだ輸入に頼る時代。九州鉄道はドイツ式を輸入し、ドイツ国鉄の機械監督であったヘルマン・ルムシュッテルが招聘された。ドイツ式を輸入したのは、一国からの支援に頼るべきではないとの外交上、ドイツの資材が安価だった、あるいは人脈など、様々な理由がある。

明治22（1889）年12月11日開通の博多〜千歳川仮停車場間が、九州最初の鉄道区間だ。九州鉄道はやがて国有化され、鹿児島本線となる。

千歳川仮停車場のあった場所をSL人吉号の58654号機がいく。千歳川とは筑後川の別名で筑後川北側に設置された仮駅だった。久留米駅まであと一息のところで水害により仮駅となったという。久留米駅まで延伸後千歳川仮停車場は廃止となった。令和3（2021）年7月27日。

九州初の区間の空撮は、起点の博多駅が少々厄介であった。すぐ隣が福岡空港のため離着陸機があれば待たねばならない。管制官の指示により着陸機の合間に可能となる。「数分で撮って」とのことだが、街と駅の全景は3分もあれば十分撮影できる。新幹線が発車したのはタイミングが良かった。

久留米側は別日の撮影で、偶然にも熊本発鳥栖行き「SL人吉号」の運転日である。九州鉄道の形式とは全然違えども、蒸気機関車が煙を吐いて九州初の区間を走る姿に、130年前の開通のころ、田園地帯を蒸気機関車が走っていた牧歌的な光景を重ね描いた。

# 移り変わるターミナル駅

## 青森駅

南からみた青森駅。青函連絡船は明治41(1908)年から運航開始。港湾設備が整うまでは艀(はしけ)で沖合停泊の船と連絡していた。設備が整い大正12(1923)年から駅右手の位置に停泊する。手前は昭和34(1959)年竣工の4代目駅舎と東西自由通路を擁した5代目橋上駅舎が並ぶ。撮影日は3点とも令和3(2021)年5月26日。

西口からみる旧跨線橋の解体状況。新駅舎は令和3（2021）年3月から供用開始され撮影時は旧設備の解体が始まっていた。側に停車中はGV-E400系。

青森駅全景。青函連絡船への車両航送桟橋は左の窪んだ所が第3。保存船八甲田丸が停泊する所が第2。ハーブ橋の下あたりにあったのが第1だった。貨車航走船は第3を使った。ホーム端は1970年代まで頭端式構造でその後現在の形状となる。車両航送の開始は大正14（1925）年就航の翔鳳丸が最初。駅周囲は貨物側線だらけであった。

## 青函航路のあった駅は橋上駅舎となった

青森駅。その名を耳にすると、ある人は青函連絡船を思い出し、私は青函トンネルを思い浮かべる。青函連絡船には間に合わなかったが、青森駅で快速海峡や特急、夜行急行へ乗り換えて青函トンネルを潜って渡道していた。駅は北を目指す玄関口には変わりなかった。

平成28（2016）年3月に北海道新幹線が開通してから、北を目指す玄関口は隣の新青森駅へとって変わった。青森駅は秋田へ向かう特急つがるが唯一の定期優等列車となり、青い森鉄道線、奥羽本線、津軽線の普通・快速列車が主役となった。北海道への連絡で賑わったホームを知る者にとっては寂しい限りだ。

青森駅を空撮したのは令和3（2021）年5月26日である。空撮用事業飛行機を扱う航空会社が青森にはなく、花巻空港から遠路遥々飛行した。このタイミングで空撮したのは、青函連絡の残り香が漂う駅舎などの旧設備が、橋上駅舎化によって消える運命となったから。新旧の駅設備があるうちにと空撮した。

青森駅の開業は明治24（1891）年9月、上野から延伸してきた日本鉄道の全通と同時である。青函連絡船も明治41（1908）年に運航を開始して、北海道と本州を結ぶ歴史の幕が開いた。

駅はホームが3面。青函連絡船へ伸びる線路と構内線路の数が多く、旅客設備は準主役といった感があった。北へ向かう人々は、ホーム前方の階段を小走りで上がり、2等船室の争奪戦が繰り広げられていた。4代目の駅舎は鉄筋二階建てのシンプルな出で立ちであった。

青函連絡船の廃止、青函トンネルの新幹線化と、青森駅は北海道への中継地点から地域輸送へと性格を変える。約60年間供用されてきた駅舎も、平成30（2018）年から開始された駅前再開発と併せて建て替えとなった。

北海道へ向かう人々、来る人々。様々な悲喜こもごもを飲み込んできた駅舎は幕を閉じた。5代目となる橋上駅舎が旧駅舎背後に建つ。跡地には商業施設を予定しているとのことだ。橋上駅舎は東西自由通路を併設し、西口の住宅街との往来が便利となった。既存の跨線橋施設は解体中で、新旧双方の駅施設が残っていた状態も、もうすぐ無くなる。青森駅のこれからは、地域の駅として歩んでいく。

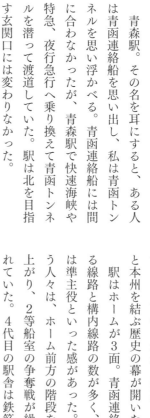

# 東京駅

平成30(2018)年9月19日の丸の内駅舎。セネガル大使とカタール大使の信任状捧呈式が行われ中央扉前は馬車列がみえる。駅舎を挟んだホーム側は日常の姿だ。この一枚は東京駅のひとつのシーンである。

## 八角屋根からドーム型へ 竣工時に復原された赤レンガ駅舎

東京駅は大正3（1914）年12月20日の開業から今年で107年を迎えた。駅の顔は有名な丸の内赤レンガ駅舎だ。左右にドームを構えるルネッサンス様式の三階建て駅舎が建ち、反対側の八重洲口はグランルーフと呼ぶ大屋根が広がる開放的な広場の構造である。

赤レンガ駅舎の空撮は高層ビルを意識する。近年東京駅周囲はさながら高層ビルの見本市といったところで、今後も建設されていくそうだ。3階建ての駅舎はビルの遥か下にあり、晴れると駅舎にビル影がかかってしまう。影の出にくい曇天の空撮が望ましい。

とはいえ、影になったとしても、装飾を施した側面は影の中から浮かび上がるほど壮麗で、特命全権大使の信任状捧呈式では、中央の皇室専用入口に皇室の馬車が列を成し、荘厳な空気が伝わってくる。この中央扉は、皇居に面した中央停車場ならではのものだ。

東京駅は明治22（1899）年の東京府告示「東京市区改正設計」で計画された。新橋～上野間を結ぶ高架線と高架構

東京駅全景。東海道・山陽・東北・上越・北陸・山形・秋田の各新幹線、在来線の東海道・東北・高崎・常磐・総武横須賀・山手・京浜東北・京葉・中央線とJR路線が集束する。八重洲駅舎は昭和4(1929)年12月に開業。昭和29(1954)年10月に6階建ての駅ビルが竣工し平成19(2007)年に閉館後解体。グランルーフが広がる開放的な空間となったのは平成25(2013)年だ。

造の中央駅を設置し、当初はドイツ人技師のフランツ・バルツァーが設計した。バルツァー案は貴賓用出入口を中央に配し、乗車口と降車口を南北に分離した建物を配置。瓦葺き、入母屋の意匠など和洋折衷の煉瓦建築を提案した。この案は欧米風が良いとの政府の意見により不採用となったが、仮に採用されたら、東京駅の顔は和風な出で立ちであっただろう。

駅舎設計はバルツァー案の土台を継承しつつ、辰野金吾（辰野葛西事務所）が引き継ぐ。「日露戦争勝利後の国威を反映

皇室用中央扉は延長線上に皇居が存在する位置関係である。平成29(2017)年12月11日のエジプト大使とベナン大使による信任状捧呈式。

平成22(2010)年10月22日撮影。丸の内駅舎が開業時の姿へと復原される途中経過。屋根の骨組みがよく分かる貴重な姿である。ホームは東北・上越新幹線延伸開通によって大幅に乗り場変更を行った。

して世界が驚くような大規模な駅舎を」との鉄道院総裁後藤新平の要望もあって、ルネッサンス様式の鉄骨3階建てとなった。左右のドーム構造屋根には旅客用乗車口と降車口を設け、中央に皇族専用出入口を配した。

丸の内駅舎は昭和20（1945）年5月25日の空襲によって焼夷弾を浴び、鉄骨レンガの側面を残して焼失する。3階はなんとか残存したが、戦後の復旧工事で構造的負担を軽減するため解体されて2階建てとなる。また屋根はジュラルミン板張りに登米産天然スレート葺きの八角屋根とした。

戦後世代にとって八角屋根のほうが身近な存在ではあったが、平成13（2001）年度の東京都主催「東京駅周辺の再生整備に関する研究委員会」で、首都としての景観を重視し、丸の内駅舎の保存復原が必要と認識されて、開業時の姿へ復原することとなる。元の姿へ戻すため、「復原」の文字を使うのである。

復原途中では数回空撮する機会に恵まれた。防護網からドームが現れたときは、過去へ戻るような不思議な気分であった。東京駅の復原は見事なもので、駅前広場も整備された現在では、人々の憩いの場としても活躍している。

開業時は日本の鉄道の中心であり、皇居に接する中央駅の顔として、現代は首都の顔として人々が集う。丸の内駅舎は昔も今も重要な存在である。

平成23(2011)年2月22日撮影時はドーム屋根が顔を出した。復原屋根は雄勝産スレートも使用したが東日本大震災によりスレートが被災。回収できた約4万枚を使用した。また駅舎の背後には東北・上越新幹線ホーム増設の際にスペースがなく重層化された1・2番線中央線ホームの構造もよく分かる。

# 渋谷駅

令和3(2021)年7月20日の姿。東急東横店西館(中心)と南館(手前)の解体だ。灰色屋根の回廊は井の頭線から山手線方向への迂回路。西館は昭和13(1938)年に玉川電気鉄道が建てた玉電ビルが戦時体制の鉄鋼統制により未完成で戦後を迎える。玉川電気鉄道と合併していた東急が玉電ビルを増築し11階建てとなる。昭和29(1954)年に竣工した。ル・コルビュジェの弟子坂倉準三の設計。

PARCO
LoFt
MODI

南側から駅全体を見渡す。高層ビル名は手前から渋谷ストリーム。右が渋谷ヒカリエ。屋上に芝生がある高層ビルは渋谷スクランブルスクエア。その左のガラス張りは渋谷フクラス。白色の長細いのは渋谷マークシティ。左端はセルリアンタワー。渋谷ストリーム左側の桜丘町は1ブロック丸々再開発されている。東京メトロ銀座線は渋谷ヒカリエ脇の長細いドーム状の中に乗り場が移転。JR埼京線も山手線と並ぶ位置に移転した。令和3(2021)年7月20日。

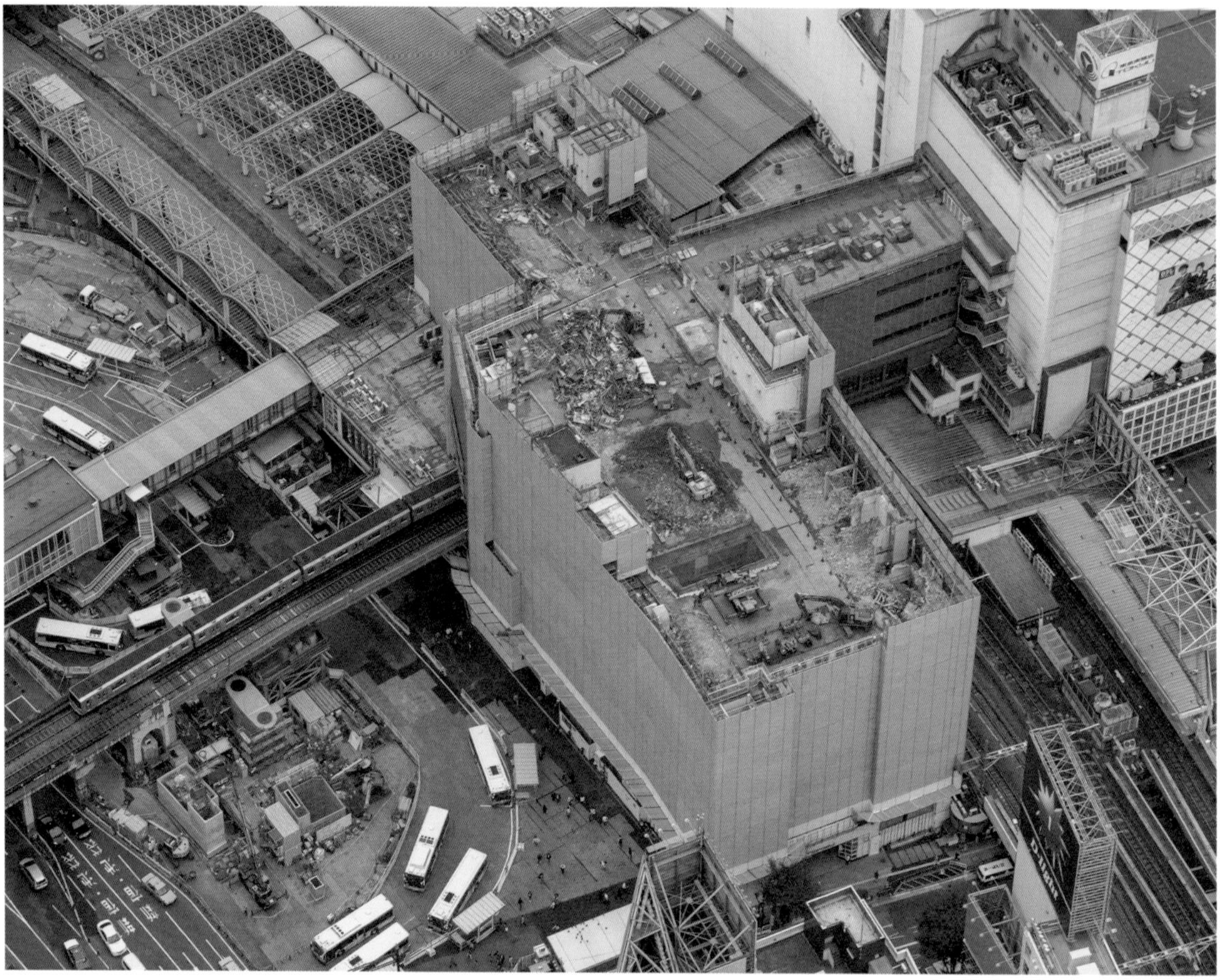

東急東横線は東横店東館と直結していた。東館は昭和9(1934)年に渋谷川を暗渠にして地上7階建のビルとして開業。東京メトロ銀座線ホームを残しながら解体作業中の姿。平成25(2013)年10月4日。

南側から望遠レンズで狙った建設中の渋谷スクランブルスクエアと山手線E231系500番台。ビルの建設場所は東横線地上改札口付近だ。基礎工事が終了したら2年足らずで高さ約230mのビルが建った。平成30(2018)年5月28日。

南側を底辺にして真上から空撮。長い通路は埼京線ホームの連絡通路。新南口改札は写真下だ。日本鉄道品川線の駅として開業した明治18(1885)年はこの新南口改札付近にあった。大正9(1920)年に現在地へ移転。平成27(2015)年4月2日。

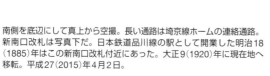

見開きページの5年前の定点観測。東横線高架ホームの跡地は写真中心部。高架ホームは前身の東京横浜電鉄が昭和2(1927)年に開通した際に建設したもの。左側の東急プラザも解体された。この年は駅の建物が一気に減った。平成28(2016)年4月26日。

渋谷ヒカリエ側を底辺にして真上から狙った。東横線ホーム跡はくっきりしている。その高架ホーム跡には仮設通路のプレハブが目立つ。首都高3号線下の橋桁は残存して現在も通路とし活躍する。JRの乗り場は埼京線がまだ移転前で左端に電車が停車中。平成26(2014)年6月26日。

これが見開きページの11年前の姿だ。渋谷ヒカリエは建設途中。東急プラザや東横線ホームのカマボコ屋根と直結する東館には屋上遊園地もあった。平成22(2010)年8月21日。

セルリアンタワーを手前にして東急プラザと西館。東急プラザ屋上は時間貸し駐車場で自動車用エレベーターがあった。西館には東京メトロ銀座線01系の姿もみえる。西館の途中部分からデザインが若干異なるのは増築部分との差異であろう。平成22(2010)年8月21日。

## 日本で一番激変しているターミナル駅

渋谷駅は分かりづらくて苦手だという声をよく聞く。令和3(2021)年現在、駅は再開発の最中にあり、時々変更となる通路が迷路のように入り組み、せっかく覚えたルートも一夜にして変わってしまう。工事囲いの後ろでは、日夜再開発工事の槌音が絶えることはない。

渋谷駅にはJR、私鉄、地下鉄が集う。JRは山手線・埼京線・湘南新宿ライン。京王井の頭線。東急東横線・田園都市線。東京メトロ銀座線・半蔵門線・副都心線の路線が集結し、埼京線と湘南新宿ライン、東横線と副都心線、田園都市線と半蔵門線は同じホームを共用している。

それぞれの乗り場は多方向へ向かう出口があって、連絡通路と上下移動で繋がり、その通路が工事によって変更となる状況で、1日に約96万人もの利用者が縦横に移動する。苦手だ、カオスだ、ダンジョンだとの声はよく分かる。

私は幼少期の頃から渋谷の空気を肌で感じ、鉄道と駅を見てきた。渋谷駅にはおのずと思い入れがある。

渋谷駅はすり鉢地形の底に駅があり、道玄坂、宮益坂、金王坂に囲まれている。どれだけ高低差があるのかは地下鉄銀座線が良い例だ。浅い地下を行く銀座線は宮益坂斜面途中から地上へと顔を出して、そのまま水平移動する。今度は高架橋となって地上3階相当の場所にホームがあるのだ。

渋谷駅は限られた地形の中で再開発が行われ、東横線、埼京線、銀座線のホームを移動させながら高層ビルを建て、駅南西側は街ごと解体されてビル街区を建設する。この10年間で全国イチ激変しているターミナル駅であろう。

渋谷駅と周辺の再開発事業は、都市再生緊急整備地域に指定され、抜本的な再開発が必要で、ここまで激変している。空撮は渋谷ヒカリエの建設途中から開始しており、思い入れのある駅と街の激変模様を11年に渡って記録している。

空撮は定点でも行う。例えば地上から地下へ潜って東京メトロ副都心線と相互直通運転をする東急東横線は11年の間に高層ビルが2棟建設され、地上駅時代と現在を比較すると別の場所かと思ってしまうほどの変わり様である。

渋谷駅はまだまだ変化する。青写真では2027年度に完成予定だという。

# 大阪駅

北側から撮影。梅田貨物駅は昭和41（1966）年に南側の船溜りをその3年後には北側の船溜りを埋立ててコンテナホームを整備した。国鉄末期に南側貨物施設は再開発されてビルが建つ。貨物駅は平成25（2013）年3月で138年間のピリオドを打った。廃駅後の施設はすぐに解体が始まる。空撮時はコンテナホームのカマボコ屋根を解体中。線路は残存するため辛うじて配線は判別できた。平成25（2013）年8月28日。

雨上がりの大阪駅を西からみる。大屋根と新北ビルが目立つ。貨物駅の跡は更地となり「うめきた2期地区開発プロジェクト」の工事が始まった。貨物駅敷地の縁を沿う梅田貨物線は溝のある場所へ線路を移設する。溝となっているのは開削工事によって地下線路を建設するためだ。新駅の場所は大阪駅付近である。平成30(2018)年9月9日。

真上から撮影した大阪駅。真上からでも大屋根はかなり目立つ。駅前は新たなビルが建設中で再開発地は中心部に緑地を整備中。緑地の左右に高層ビルの街区が誕生する。北梅田駅（仮称）は大阪駅の左上部分だ。令和3（2021）年5月3日。

更地となった梅田貨物駅跡はしばらくこの状態であった。再開発の先行事業としてグランフロント大阪が完成している。半円状の低層階と高層ビルの複合構造のビルがそれだ。平成28（2016）年3月22日。

## 大屋根の設置と貨物駅再開発で表情を変える大阪の玄関駅

もう20年以上も前になるが、南大阪に住んでいた大学時代に大阪駅へ出かけると、高架ホーム1階のコンコースは小さな階段やスロープが多く、なぜ段差があるのかと疑問であった。駅の北側に出ると阪神高速の入口と梅田貨物駅があって、バックヤードか立入禁止の工場地帯に迷い込んだような雰囲気に包まれた。巨大ターミナル駅の裏手に貨物駅があることが新鮮で、それが大阪府の玄関駅なものだから最初は驚いたものだ。

段差は戦前の地盤沈下が原因で生まれたもので、現在でも一部に残る。梅田貨物駅は既に存在せず、再開発地区となって工事中だ。20年前の大阪駅とは確実に姿を変えている。

梅田に誕生した大阪駅初代駅舎はレンガ造りの二階建てで、明治34（1901）年に2代目駅舎が使用開始となった。その頃は駅南西側に堂島川と繋がる船溜りがあって、貨物の取り扱いを行う。かたや駅施設は地上のために街を分断してしまい、都市の発展に障害をきたしていた。

そこで大阪駅と貨物施設の抜本的な改

東側を底辺にして撮影。大阪駅の新たな象徴として大屋根が設置された。左側の大阪環状線から順次ホーム改良と番線表記変更が実施され南側へ番線がずれた。余剰となった旧11番線ホームは解体。駅北側の顔となる複合商業施設の入った新北ビル（右側のビル）を建設した。平成25（2013）年8月28日。

南側からみた大阪駅の正面。背後は淀川でさらに奥には伊丹空港が存在する。駅の右は阪急電鉄梅田駅と梅田阪急ビル。HEP FIVEの赤い観覧車の姿も。梅田再開発地区は造成前。平成28（2016）年3月22日。

良工事を行う。昭和9（1934）年に高架化されて南北の道路交通を改善し、南側の船溜りへのアクセスのため、梅田貨物駅から旅客線の高架下を通って南側へ出る貨物連絡線も設けた。

しかし、高架は地盤沈下が起きてしまった。駅の場所は元々「埋田」と呼ばれた湿地帯であり、梅田層と言われる粘土層の地層がある。工業用地下水が汲み上げられて地層が萎み、駅基礎の自重も相まって徐々に地盤沈下が発生したのだ。厄介なのは全体ではなく一部が沈み、駅構内東側で20‰以上の急勾配が出来てしまい、長編成の客車を牽く上り蒸気機関車の発進はまるで峠を攻略するかのごとく大変であった。地盤沈下は、1950年代の補強工事によって収束した。

やがて4代目高層ビル駅舎となった大阪駅は、混雑緩和と利便性向上のため、橋上駅舎化と線路変更改良工事が始まる。目を見張るのはホーム全体すっぽり覆うドーム屋根だ。屋根と橋上駅舎の設置工事は終電から始発までの2時間半に限られ、設置には駅舎が4ヵ月、屋根は9ヵ月かかり、「大阪ステーションシティ」として駅は生まれ変わった。

空撮は平成25（2013）年8月から行っている。梅田貨物駅の現役時代は間に合わなかったが、解体中の姿から数回追っている。大阪駅はいま、梅田貨物駅跡の「うめきた2期地区開発プロジェクト」と新駅建設工事がたけなわだ。2期地区は貨物駅跡に都市公園を整備して緑化しながら、複合ビルを数棟建設する。

新駅は仮称の北梅田駅で地下構造だ。地上の梅田貨物線を地下化し、放出〜新大阪間のおおさか東線を延伸。貨物線経由の関空特急はるかなどを停車させることで、大阪駅への利便性を高める。さらに同駅には、JR西日本と南海鉄道が一部区間を共用する地下鉄線「なにわ筋線」が建設される。なにわ筋線はJR難波駅から関西本線（大和路線）、新今宮駅から南海本線へと乗り入れる予定である。

大阪駅は20年前は想像だにしなかった鉄道網が誕生するのだ。近い将来、大阪駅と南北の交通網の流れは変わっていくことだろう。ほとんど地下となるので、空撮では分かりにくくなるが……。

# 博多駅

駅前は放射状に道路が延びる。左は大博通り。写真手前くらいの場所に旧駅があったものの判別できないほど街が変わった。駅舎のあった場所は商工会議所入口交差点付近だという。令和3(2021)年7月27日。

博多駅は明治22（1889）年12月の開業だ。旧駅への線形は「く」の字状で一部が急曲線だった。写真右でカーブする線路から直線で別れる道路「こくてつ通り」が旧線。那珂川が分岐する所にキャナルシティ博多がありその右側に旧駅があった。その辺りは急曲線（半径301mと402m）で速度制限と見通しの不良をきたしていた。道路の形状が名残だ。令和3（2021）年7月27日。

## 高度成長期に大移動した福岡の玄関口

これまでは変化しているターミナル駅を紹介してきたが、博多駅は過去に大変化したターミナル駅である。

九州初の鉄道の始点であった博多駅は、現在同じ場所にはなくオフィス街となっている。吉塚〜博多〜竹下間は昭和38（1963）年に現在地へ移転したのだ。駅のあった場所に鉄道の残り香はない。

九州鉄道博多駅は門司方面へ線路を伸ばす予定もあり、頭端式構造ではなく通過型タイプの構造で、博多の市街地南東外れの田園地帯に設置された。

明治後半には駅の拡張が叫ばれるようになって、早くも御笠川北側の村への移転話も持ち上がったほどだった。結局移転はせずに改良し、明治42（1909）年3月にレンガ造りのネオ・ルネッサンス様式二代目駅舎がお披露目となった。

関門トンネルの開通によって本州直通運転が始まり、戦後は旅客だけでなく貨物取扱いも増大する。対して駅の規模は小さく、1日の乗降数が5万人を越える1950年代、ホームは3面あるが構内拡張は困難で、2代目駅舎はレンガ造りと狭い敷地のために大規模なリフォームが出来ず、貨物設備を旅客ホームへ転用したために貨物側線も少ない。地上駅であるから開かずの踏切となって街が分断されてしまっていた。

限界に達した博多駅は、600mほど南東側へ移動することで問題を解決する。貨物設備は吉塚駅や香椎操車場（現・千早駅周辺）を拡張する形で移転。新しい博多駅は高架構造とし、4面8線の旅客専用となった。その後新幹線が開業して、現在は在来線ホームが4面、新幹線ホームが3面である。

博多駅は離着陸機が頻雑な福岡空港がすぐ東側にある。博多空撮はなかなか手こずると聞いていたが、着陸機のない時間帯を狙って、空港の管制の指示のもと高めの高度から低高度まで空撮が可能であった。これはタイミングによるので、次がうまくいくとも限らない。

旧駅のあった場所は街として定着し、新駅も貫禄が出てきた。半世紀以上経過すると、駅の大変化も遠い昔の出来事である。

## コラム

# 2015年は客車寝台特急が去った

上野駅13番線に進入する「北斗星」。貫通路と開けた状態でバックしてくる。平成27（2015）年7月13日。

「トワイライトエクスプレス」のすれ違い。右が大阪行きで左が札幌行き。平成27（2015）年1月29日。

いまは乗りたくても乗れない列車として、定期客車寝台特急を挙げよう。「ブルートレイン」と呼んだあの寝台列車だ。

ブルートレインは平成27（2015）年に廃止となった（急行はまなすが最後と言う場合もある）。もう6年も経つ。3月に廃止された大阪～札幌間を結ぶ「トワイライトエクスプレス」と、8月に廃止となった上野～札幌間の「北斗星」である。

トワイライトエクスプレスは京都梅小路付近で上下列車がすれ違うシーンだ。20時間以上走り、大阪駅は下り11：50発、上りが12：53着。すれ違うのは西大路駅付近だが、下見すると上り列車が東海道新幹線高架下を走り、厳しそうだ。

とりあえず狙ってみようと1月29日に空撮。上り列車はよく遅れるがこの日は下り列車が数分遅れ、梅小路のコンテナターミナルの開けたところでうまく上下列車すれ違いが撮れたのである。そのときの時刻は12時21分であった。

北斗星は尾久車両センターから上野駅までの回送である。上野駅が頭端式ホームのため機関車が付け替えられず、客車先頭で機関車が後ろから押す推進運転を行うのが、上野発客車列車の慣しだった。

推進運転では北斗星客車の貫通ドアを開け、推進運転士が乗務する。その姿は身近で当たり前だったが、24系ブルートレイン客車が終焉すればドア開放のまま走る列車は存在しない。鉄道の運行システムとしても記録しようと、夕方に飛行して狙った。

北斗星が意外と早い速度で推進運転する姿は、映像を巻き戻しているようで面白い。夏の日差しは影がきつくなる。光線状態をみながら上野駅で進入するところを狙った。

グラフ――夜間飛行

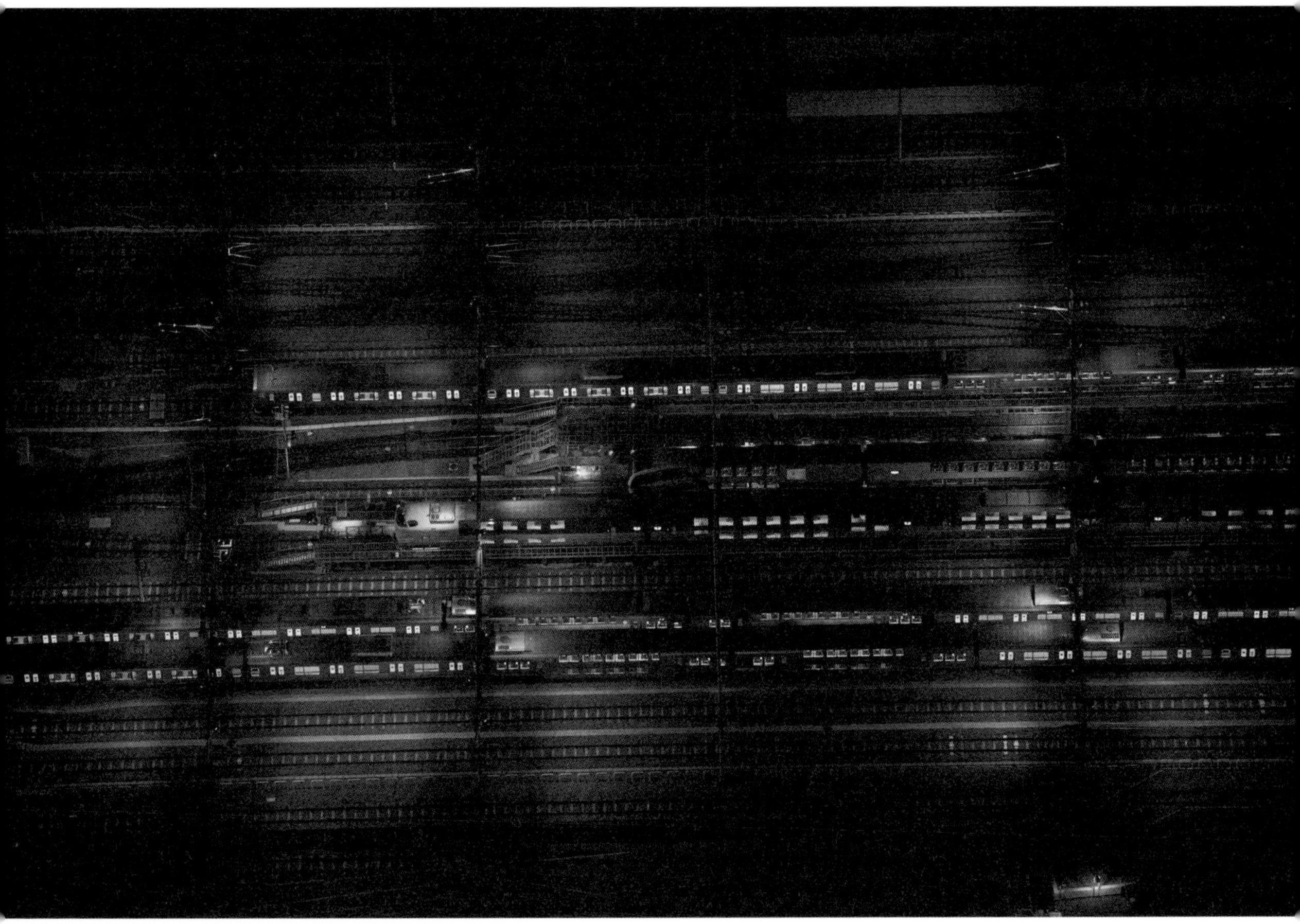

(上)東京駅21番線に停車中のE2系「やまびこ」＋E3系「つばさ」。23番線に停車中のE5系「はやぶさ」。
(下)高輪ゲートウェイ駅付近の留置線。251系や近郊形車両と寝台特急「サンライズエクスプレス」。

東側から渋谷駅を真下にみる。「渋谷スクランブルスクエア」の屋上はサーチライトで光の演出をする。道玄坂やセンター街など渋谷駅前は眩いほど煌めいていた

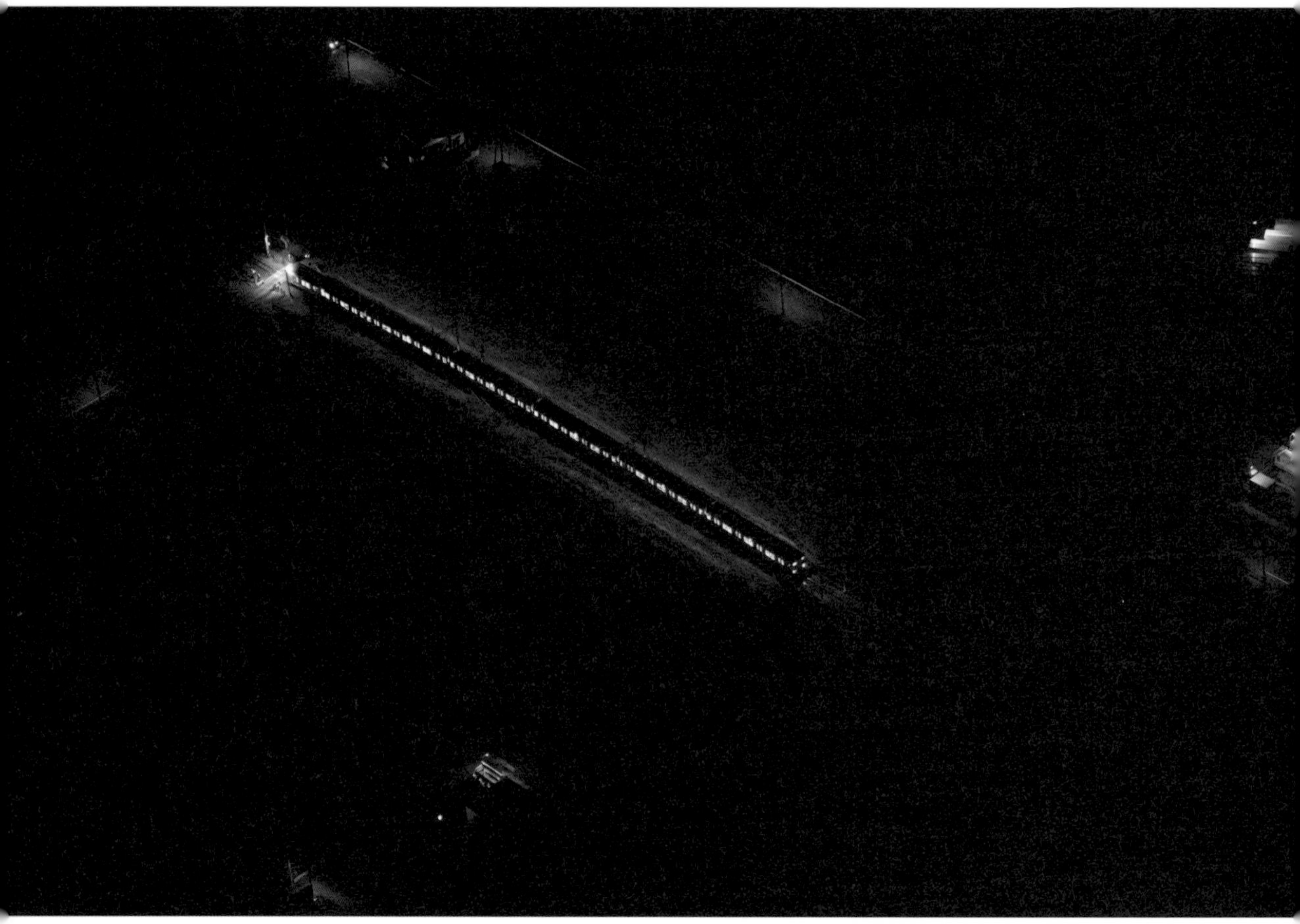

（上）東京駅丸の内駅舎と10面のプラットホーム。四方を高層ビルで囲まれ様々な光が散りばめられていた。
（下）踏切を通過した東武野田線の電車。家々の灯りもほとんどない。電車が室内灯を外に溢れ出させて闇を駆けていく。

第2章

# 都市と鉄道

# 都市を走るJR線

## 札幌周辺

札幌運転所で休む客車と電車群。電化当初に導入されたのはえんじ色または赤色の711系。北海道電化のパイオニア的存在となった。JR北海道では新形式も導入され721系や731系といったステンレス製車体の電車が活躍する。平成26(2014)年11月27日。

札幌駅の東隣は苗穂駅である。JR北海道苗穂工場に隣接して細いホームと昭和10(1935)年築の駅舎が電化前の時代の名残であった。平成30(2018)年に駅施設を西側へ300mずらした位置に移転。旧駅舎は解体された。平成31(2019)年3月19日。

函館本線銭函駅西側ですれ違う731系電車同士。銭函〜小樽築港間は石狩湾の海岸線すれすれに走るビューポイント区間である。新千歳空港と小樽を結ぶ快速エアポート号も走り観光客の利用も多い。平成27(2015)年5月1日。

## 北の大地の都市間輸送
## 気動車よりも交流電車が主役

北海道最大の都市、札幌市。人口197万人の玄関口である札幌駅は、交流電化された高架ホームに近郊形や通勤形電車が次々と発着する。北海道といえば非電化路線の気動車を連想するが、札幌駅を中心とした近郊列車は電車が主流だ。

そういえば、札幌近辺の空撮はいつも電車が多い。キハ40形などの一般形気動車は札沼線末端区間で撮ったものの、札幌駅発着の数少ない普通気動車を狙わなければ、電車ばかりだ。

函館本線小樽駅の全景。かつてはC62形蒸気機関車牽引の急行列車やキハ82形の特急列車などが行き交っていた。今は都市輸送に勤しむ電車とこの先の非電化区間を走る気動車の乗り換え駅である。平成27(2015)年5月1日。

札幌駅を中心としたJR路線は、函館本線、千歳線、札沼線（学園都市線）とあり、令和２（２０２０）年４月の札沼線北海道医療大学～新十津川間の廃止によって、札幌近郊の路線は全て電化路線となった。

北海道の電化は昭和43（１９６８）年の小樽～札幌～滝川間が始まりである。都市間輸送と札幌圏の輸送近代化を目的とし、旭川、室蘭まで電化が延伸した。

現在の近郊形車両は昭和63（１９８８）年の札幌駅高架化と共に登場した７２１系が転換クロスシートの近郊形で、通勤形は７３１系、７３３系、７３５系がロングシートである。

また都市間輸送では新千歳空港アクセスも担っており、指定席「ｕシート」を連結している列車も多い。札幌・小樽は観光地としても名高く、観光輸送も両立させているのが札幌圏の近郊列車の特徴といえよう。観光客にとってはロングシート車より、ｕシートのほうが旅情をそそることだろう。

# 名古屋周辺

南から名古屋駅をみる。駅東に聳えるJRセントラルタワーはランドマークである。東海道新幹線はちょうどドクターイエローが名古屋駅へ向かっているところ。線路の一番右は名鉄名古屋本線である。左は笹島ライブで撮影時はまだビルが建設途中だった。平成26(2014)年8月5日。

長良川（左）と揖斐川（右）の河口付近に架かる揖斐・長良川橋梁を渡る近鉄特急「アーバンライナー」と関西本線の2両編成普通列車。関西本線には紀勢本線へ向かう特急「ワイドビュー南紀」も1日約4本運転されているが近鉄特急の多さは圧倒的だ。平成26（2014）年8月5日。

枇杷島駅と勝川駅を結ぶ東海交通事業城北線は計画線の国鉄瀬戸線の一部として平成5（1993）年に開通した。勝川駅は中央本線と接続する予定であったが実現できず500m離れた高架上に仮駅のまま営業中だ。写真は琵琶島駅手前で東海道本線と合流する地点。平成28（2016）年1月17日。

名古屋駅の象徴であるJRセントラルタワーズ。平成11（1999）年に竣工した高さ245mの高層ツインタワーだ。朝日を浴びるツインタワーを手前にしてキハ75系快速「みえ」が見えた。平成28（2016）年1月17日。

## 私鉄と競合しベッドタウンを擁す通勤路線の顔となった本線

名古屋駅を中心としたJRの東海道本線、関西本線、中央本線は、特急列車が走るよりも大手私鉄と競合していたり、ニュータウンを抱えていたりと、通勤路線や地域輸送が要となっている。

新幹線網や様々な交通インフラが拡充した現代、この現象は名古屋に限ったことではないが、せっかくなので名古屋駅を中心とした表情をピックアップしてみた。

私鉄との競合といえば、東海道本線と名鉄だ。豊橋駅から名古屋へ行くとき、名鉄の特急か、東海道本線の新快速か悩むことがある。名鉄は指定席車両も連結され、東海道本線は停車駅の少ない新快速だ。名鉄の最速・快速特急は、名鉄名古屋駅まで50分。新快速は日中1時間に2本あり、名古屋までは52分と拮抗する。東海道本線は平成元（1989）年から岡崎～大垣間に新快速が誕生。120km／h運転も実施し速達性も高い。

関西本線も近鉄名古屋線と競合する。JR難波と名古屋を結ぶ関西本線は、かつて直通する優等列車が存在したが、い

ささしまライブ駅のすぐ近くにあるJR名古屋車両区は気動車を扱う。ワイドビュー南紀・ひだ用のキハ85系とキハ25形の姿が見える。鮮やかなトラス橋は向野(こうや)橋。山陰本線の旧保津川橋梁が転用された。橋梁は明治32(1899)年A&Pロバーツ社製である。平成28(2016)年1月17日。

まは亀山駅で分断されている形だ。

電化は名古屋〜亀山間であり、途中駅の河原田《かわらだ》から伊勢鉄道経由で参宮線へ乗り入れる気動車の快速「みえ」も走り、平日の日中は一時間に合計5本ほどの列車がある。対して近鉄名古屋線は普通列車から有料特急も含めて一時間に10本ほど走り、特急列車も次々と走る大幹線だ。

空撮で両路線に遭遇したときは、関西本線が2両編成の普通電車、近鉄が特急アーバンライナーであった。普通列車と特急列車なので輸送力の差を単純に比べられないが、地域輸送の関西本線と特急街道の近鉄という比較にも見えた。

中央本線は東京、信州と名古屋を結ぶ。平成の中頃までは夜行列車も走り、現在も特急「しなの」が毎日長野まで運行する。また、高蔵寺ニュータウンが1960年代に開発されてから、ベッドタウン路線という一面を持つ。名古屋市を回り込むようにしていくつかのベッドタウンを結び、大曽根、千種、鶴舞、金山と、地下鉄線と乗り換えられて便利だ。

これら3つの本線は、長距離輸送に重きを置いていたが、これからも地域輸送や速達性を重視した路線として活躍していくことだろう。

# 福岡周辺

博多駅を彩る車両も通勤形から特急形まで個性的なフォルムだ。シンプルな顔つきの車両が多い本州など他の地域と比べて随分と賑やかな印象である。令和3(2021)年7月27日。

# 九州最大の都市に広がる電車のネットワーク

福岡周辺は、この項で紹介する各都市の鉄道といくつか異なっている。博多駅が創業地より移転している、競合する大手私鉄西日本鉄道の西鉄福岡駅と博多駅が離れている、空の玄関口福岡空港から地下鉄で至近であることだ。

博多駅は旧駅時代の昭和33（１９５８）年9月に電化されて、近郊型電車が走り始めた。福岡空港、博多駅、西鉄福岡駅は福岡市営地下鉄空港線で結ばれており、それぞれのアクセスは便利である。この地下鉄空港線は唐津方面へ伸びる筑肥線と乗り入れており、筑肥線は地下鉄と相互乗り入れを機に博多〜姪浜間の廃止と、非電化路線から直流電化路線へとなった。ＪＲ九州の電化路線は交流であるなか、筑肥線だけは唯一の直流電化路線である。

博多駅近郊にある香椎線と篠栗線は、石炭輸送に活躍した過去を持ち、現在は福岡市のベッドタウンへの足として活躍する。香椎線は非電化路線ながら蓄電池駆動電車ＢＥＣ８１９系が走り、電化された篠栗線は、鹿児島本線黒崎から筑豊本線折尾と桂川を経由した運転系統「福北ゆたか線」に組み込まれている。

こうして電化されている博多圏の路線は、唐津、北九州、筑豊、大牟田の各方面から近郊・通勤形電車が集う。そして大分、門司港、長崎・佐世保、由布院方面を結ぶ定期特急列車は、「ゆふいんの森」と「ゆふ」を除いて電車タイプであり、博多駅には1時間に10本ほどの特急が行き交う。

上空から見た博多駅と北側の鹿児島本線周辺の立地は、背後にすぐ福岡空港が迫り、東京、大阪、札幌の各都市と比較するとかなりな至近距離だと分かる。駅と空港から街の中心部への移動時間の差異は僅かで、鉄道と航空にとっては交通のライバル同士なのかもしれないが、利用者にとっては便利である。

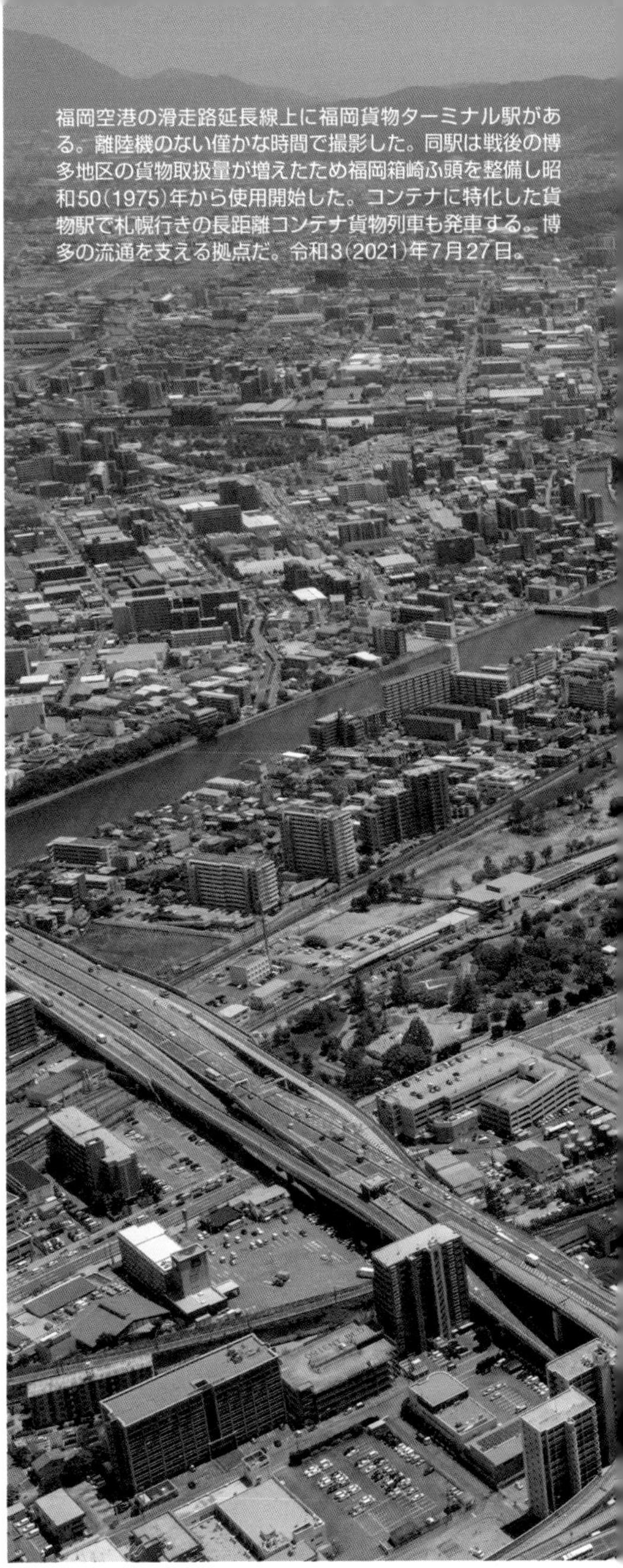

福岡空港の滑走路延長線上に福岡貨物ターミナル駅がある。離陸機のない僅かな時間で撮影した。同駅は戦後の博多地区の貨物取扱量が増えたため福岡箱崎ふ頭を整備し昭和50（1975）年から使用開始した。コンテナに特化した貨物駅で札幌行きの長距離コンテナ貨物列車も発車する。博多の流通を支える拠点だ。令和3（2021）年7月27日。

生の松原海岸森林公園と今津湾。手前にあるのは福岡市交通局姪浜車両基地だ。のどかな今津湾沿いも博多のベッドタウンとなっており上空からでも街並みが目に入った。昭和58（1983）年より地下鉄と相互直通運転をする筑肥線は背後の唐津方面へと直流電化の線路が延びている。令和3（2021）年7月27日。

# 東と西の環状線比較

山手線と大阪環状線は東京と大阪の中心部にある環状線だ。日本には環状線自体が少なく、路面電車や地下鉄を除けば、この2路線が唯一である。山手線と大阪環状線は、生い立ちも沿線の雰囲気も異なって興味深い。ぐるっと沿線を追いながら比較する。

## 山手線

### ひしめくビル街に再開発中の駅 目まぐるしく変化する首都の環状線

北側からみた秋葉原駅。山手線は縦の線。十字で交わる横の線は総武線。右手は神田川と中央線の旧万世橋駅レンガ造り高架橋だ。写真上は神田駅である。秋葉原～東京間は東北・上越新幹線と平成27（2015）年に開通した上野東京ライン高架橋があって神田駅では高架橋が重なっている。この1枚から用地確保だけでなく騒音対策や環境対策を考慮した構造にする大変さが伝わってくる。

## はじまりは北へ延伸する日本鉄道の路線

首都東京の交通を担う山手線は、1日の乗降数世界一の新宿駅（約353万人）、2位の渋谷駅、3位の池袋駅と、世界有数のターミナル駅を結ぶ大動脈である。駅数は30、一周約1時間で距離は34・5㎞。E235系11両編成で統一されている。令和2（2020）年9月29日に一周して空撮した。

山手線の歴史をざっと紹介すると、前身は日本初の私鉄、日本鉄道である。日本鉄道は東北・常磐方面へ路線計画をする際、日本初の駅、新橋を基準にルート選定を行った。最短距離の神田方面は既に市街地が形成されており、江戸時代に海を埋め立てた下町低地で地盤も緩い。そこで郊外の武蔵野台地へルートを計画。水田や雑木林がある農村地帯なので用地買収と建設コストも抑えられた。明治18（1885）年、品川を起点にして渋谷、新宿を通り赤羽へ至る品川線が開通し、列車は新橋始発となった。

品川線は赤羽駅で上野～熊谷間と接続した。その後田端へ至る豊島線を開通させ、品川線との分岐は池袋にジャンクションを設け、海岸線（現・常磐線）との便もはかった。品川線と豊島線を合わせて山手線となり、明治39（1906）年に国有化。品川を起点として田端までの「C」の字部分が山手線となり、池袋～赤羽間は赤羽線となる。

はて、山手線は環状線では？　運転するうえでは便宜上一周を山手線としているものの、線路の管理上は田端～東京間が東北本線、東京～品川間が東海道本線に属し、山手線は品川～田端間なのである。

山手線の沿線はビルまたビルである。あらゆる建物が隙間なく並ぶ。開通当初の品川駅は海縁だったが、それが嘘ではないかと思うほど、西の山側も東の海側も開発し埋め立てられ、見上げれば高層ビルだ。

山手線の方向は、外回り内回りという表現である。品川から外回りで巡ってみよう。線路は一瞬開けて五反田駅手前で目黒川を渡る。一帯は目黒川沿いの沖積低地で、開通時は水田が広がっていたそうだ。目黒駅手前で沖積低地から台地へと、地形に変化が生じている。上空からだと一面のビルに気を取られるものの沿線は意外と起伏があって、五反田駅では盛土の上にホームがあり、2㎞先の目黒駅は掘割である。

また山手線には並行しながら山手貨物線があり、複々線となっている。進行方向左手にあった貨物線は目黒駅の先で山手線がオーバークロスし、今度は進行右手になる。山手貨物線は停車駅の少ない埼京線、湘南新宿ラインの電車が走り、山手線を追い抜く。大崎～池袋間では並走するため、先を急ぐ人の利用も多い。

## 山手線内側に延びない私鉄路線とターミナル駅の再開発

山手線を上空から見て感じるのは、私鉄の路線が山手線を境にしてプツッと途切れ、内側の都心部へ線路が延びていないことだ。実際は地下へ潜って地下鉄と線路が繋がって、相互直通運転をしており、正確には郊外から都心中心へ電車が乗り入れている。しかし上から見る限りでは、線路が途切れている。実際に山手線と交差している私鉄はあるが、すぐ隣接して起点駅となっており、都心中心部まで線路は延びていない。

これは戦前の東京市（現・東京都）が〝市内交通は公営とする〟という交通政策方針のためで、当時は路面電車網が発

（上）マンモス駅新宿の全景。手前は信州高遠藩主内藤家の屋敷跡に誕生した新宿御苑。新宿駅は御苑の森のすぐ隣である。左は「NTTドコモ代々木ビル」。写真中心はバスターミナルの「バスタ新宿」。その他は変化が無さそうだが西口ロータリー前の「新宿スバルビル」などは解体され大掛かりな再開発事業が始まった。「小田急デパート」（駅前の白いビル）の位置に高層ビルが建設予定。

（下）原宿駅西側に隣接した約22万坪の明治神宮鎮守の杜は様々な生態系が育まれている。荒地であった南豊島御料地を百年の森へと人工的に植樹された。新緑に紅葉と山手線の絶景である。薄緑色屋根のホームは皇族専用の宮廷ホームだがもう利用されていない。左端が原宿駅だ。

大崎駅を五反田方向から望遠でみる。駅の左側が山手線で右側はりんかい線や埼京線と湘南新宿ラインの乗り場である。横切る高架線は東海道新幹線と横須賀線。背後は東京総合車両センターだ。山手線の中枢である山手電車区と大井工場が合併して誕生した。駅周囲は明電舎などの工場地帯を再開発したオフィス街となっている。

達して市内交通を担っており、私鉄の都心部延伸を許可しなかったのだ。私鉄路線は山手線の各駅で接続し、市電（後の都電）やバスへ乗り換えた。戦後は地下鉄網が発達し、相互乗り入れの形で私鉄が都心部へ乗り入れを実現している。

私鉄と接続する駅はターミナルとして発展し、駅と付帯施設は巨大化していった。やがて利便性向上と老朽化対策によって、例えば渋谷駅のように再開発が進行している。

新宿駅もそうだ。私鉄を合算した乗降数世界一の新宿駅は、西口に高層ビル群や都庁を控え、東京を象徴する駅である。その東西移動には課題があり、ホーム直上に東西デッキを設置して、新駅ビルも整備する予定だ。上空からでは新宿スバルビルのように、一部の駅前ビルの解体以外に変化は見られないものの、より人の動きをスムーズにするべく、これから生まれ変わることとなる。

## 沿線には意外と緑が多く神田は高架橋が寄り添う

山手線を空撮すると気がつくことがある。沿線には緑があって、四季折々の姿

山手線は高田馬場駅で西武新宿線と交差する。地下路線を除くと池袋駅手前では西武池袋線。日暮里駅付近では京成本線と交差。品川駅の京急本線と五反田駅の東急池上線も山手線と交差している。

大塚駅での山手線と都電荒川線の出会い。こちらも交差する鉄道（軌道）路線である。都電全盛時の昭和40年代は都電が山手線のガードを潜る場所もあったが現在は大塚駅一ヵ所のみ。平成25（2013）年に駅ビルがオープンした。

を見せてくれるのだ。東京は建物だらけで緑が少ないと思われがちだが、緑被率（一定の面積割合での緑に覆われた比率）では平均20％台で、山手線を走る各区の緑被率を平均すると17％だった。机上の比率で見るべきではないものの、実際に空撮すると、沿線には建物に挟まれて公園や緑地が散見でき、明治神宮はほぼ森である。

　さて、山手線は田端駅手前で武蔵野台地と別れを告げる。と同時に山手線としての線路名も終点だ。これより先は東北本線と東海道本線に属する山手線を行く。下町低地は沖積平野であり、古は湿地帯の箇所もあった。地盤が軟弱のため、重量物の鉄道建設には技術力が試される。明治初期の技術では克服できなくても、技術進歩により鉄道建設が可能となった。

　品川線建設の折に断念した神田を通るルートは、新橋～上野間を市内貫通の高架線を整備する都市計画「東京市区改正設計」として再浮上する。Cの字運転の山手線も、高架線が全通すれば環状運転ができる。工事では4万本以上の松の杭を打って基礎にしたが、高架区間では竣工後も何度か地盤沈下が発生し、修繕と補強を繰り返してきた。

　上野と新橋の高架橋完成によって、都心部の電車運転は飛躍的に便利となり、郊外から集結する私鉄を結び、山手線は首都の大動脈となった。平成3（1991）年、さらに変化が生じる。東北・上越新幹線東京駅延伸のため、戦前から存在した上野～東京間の回送線路を撤去して秋葉原～東京間は、新幹線高架橋が建設されたのだ。

　一旦解体した回送線は将来旅客線などで復活できるよう、新幹線高架橋を二重高架用に整備していた。在来線も南北を縦貫することとなり、東海道本線と東北・高崎・常磐方面を結ぶ上野東京ラインを建設する。上野と東京を結ぶ新たなルートの誕生により、神田近辺を見ると高架橋が寄り添うどころか、重なり合っているのがよく分かる。

## 令和になって新設された30番目の新駅

　山手線の駅は大正末期から28駅だった。昭和46（1971）年には西日暮里駅が開業して29駅へ。その後はしばらく変化なしだったが、平成末期に新駅が登

浜松町～田町間。写真上が浜松町駅である。山手線と東京モノレールがすれ違う。明治初期の開業時は海岸線沿いに線路があった。左の交差点は芝四丁目。線路は旧海岸通りを渡るが明治初期の迅速測図と照合すると運河だったようだ。

場するニュースが駆け巡った。

田町～品川間の埋立地に造成された大規模車両基地は、僅かな留置線を残して基地施設を撤去し、都心一等地の大規模敷地を再開発する。山手線と京浜東北線も東側へ線路をずらした。その際に30番目の新駅として、令和2（2020）年3月14日、高輪ゲートウェイ駅が開業した。山手線初のカタカナ駅である。駅舎は遠目からでも一際白く目立った。

そして、その再開発工事の際に、山手線の旧線路を剥がしたら「高輪築堤」が出土した。令和に入ってすぐのことだ。歴史を遡ってみると、山手線の前身である品川線の時代から、列車は海上築堤の上を走り続けてきた。

再開発前の記録として、品川～田町間を行く山手線を空撮しながら「ちょうどこのラインが海上築堤だったな」と思っていたが、まさか築堤が現れるとは。発掘作業中の高輪築堤と高輪ゲートウェイ駅という時空を越えた出会いの空撮は貴重である。

令和4（2022）年は鉄道開通150周年の節目だ。その直前に築堤が現れたのも、再開発がきっかけとはいえ、何かのメッセージに聞こえてくる。

東京の街、山手線の沿線はスクラップアンドビルドが絶えない。この環状線の一周は、東京の今を映し出している。

田町駅北側で東京モノレールは左に曲がっていく。東海道新幹線と山手線が並走。ここも海岸線であった。

山手線には唯一踏切がある。駒込～田端間にある第二中里踏切。山手貨物線が離れる所に存在する。この踏切も近い将来廃止となる予定だ。

日暮里駅は鉄道路線が集まる場所だ。駅は左上である。山手線E235系が走っている隣の線路は地上へ出てきた東北・上越新幹線だ。東北本線の線路を挟み高架橋の線路は京成電鉄。大きくカーブしながらE531系が走っているのは常磐線。直線で横切る高架橋は舎人ライナーである。

品川駅を北から俯瞰する。左端は東海道新幹線。右端は京急。山手線は京急の左隣に乗り場があり線路付け替えによって左へグッとカーブしている。北口が開発されると駅の雰囲気は劇的に変化するだろう。

# 大阪環状線

## 様々な行き先が混在し地域生活密着の姿もあり少々複雑な歴史がある戦後生まれの環状線

大阪環状線となる際に建設された今宮(写真上)～芦原橋～大正～境川信号場(写真右下)区間のほぼ垂直俯瞰である。銀色の円形建物は「京セラドーム大阪」だ。単線の大阪臨港線を複線高架化。貨物線に信号場を設置して西九条までを高架新線で建設した。大阪臨港線と境川信号場は既に廃止となっている。

大阪城と市内中心部をバックに大阪環状線の車両基地吹田総合車両所森ノ宮支所がある。大阪メトロ森之宮検車場も隣接している。車両基地は終戦までは陸軍造兵廠だった。この区間が高架化できなかったのは高所の電車から造兵廠が覗けてセキュリティ上問題となったからだとか。終戦間際の空襲により隣の京橋駅と共に多大なる犠牲者を出した地でもある。

## 大阪環状線の始まりは政府の要請で敷設した支線

大阪環状線は令和3（2021）年5月3日に空撮した写真を紹介する。大阪環状線は大阪〜天王寺〜大阪を周回し、一周約40分。駅数は19、距離は21・7㎞だ。データだけ見ても、山手線よりも一回りコンパクトなのが窺い知れよう。

その歴史は少々複雑だ。関西本線（大和路線）前身の大阪鉄道は、大阪と奈良を結ぶ鉄道として、湊町（現・JR難波）〜柏原を開通。明治28（1895）年に天王寺〜京橋〜大阪間の梅田線を開通させた。大阪鉄道は当初梅田線を計画しておらず、政府の意向に沿った形での開通であった。大阪〜奈良間の敷設免許を受ける際、政府から官設鉄道との接続を条件にされ、大阪駅への接続路線建設を余儀なくされたのだ。これが大阪環状線の始まりだ。

鉄道は政府から免許を経て敷設となる。軌間は官営と同じ1067㎜、政府が国有化する権利を持つことなど、当時の法律を見ると政府の意向も介入していた。大阪駅へ通すのが条件となったのは、政府が一刻も早い関西圏の鉄道網を

東からみた京橋駅では京阪電鉄(中心)とJR片町線(左)と直角に交差している。鶴橋では近鉄大阪線。新今宮駅では阪堺電車と南海本線。芦原橋駅の先で南海汐見橋線。西九条駅で阪神なんば線。福島駅手前で阪神本線と私鉄との交差が多い。京橋駅は伊丹空港の着陸経路にあたり高さ制限が230mほど。高層ビルは少ない。

拡充させたかったと考えられる。

梅田線は大阪の市街地西側を計画したが、人口密集地のため用地買収が困難であるため、東側を通るルートとし、天王寺から分岐して京橋を経由する路線となった。やがて大阪鉄道は関西鉄道となる。

## 国有化によって城東線と西成線へ貨物線を旅客化して環状線となる

大阪の西側へ目を向けよう。1890年代になると大阪港の整備が本格的となる。明治31(1898)年、大阪〜西九条〜安治川口(後に桜島まで延伸)を結ぶ西成鉄道が開業して、大阪港へ鉄道が延

寺田町駅に停車する内回り電車。現代は住宅地が広がっており大阪鉄道梅田線が開通した明治時代はのどかな田園地帯であった。高架構造は戦前のままで古い駅名標が発見され保存されている。

(上)大正駅の隣に架かる木津川橋梁は大阪臨港線時代からのもの。新
型の下路(かろ)ダブルワーレントラス橋と呼ぶ橋梁が無骨な檻のような
風貌で電車を迎える。その姿は圧巻である。設計を早めるために構造
を単純化した結果この形状になったとか。

(下)背後はJR関西本線と分岐する今宮駅。次いで手前が芦原橋駅
だ。阪神高速道路と並行して南海電鉄汐見橋線の線路もみえる。今宮
駅は明治32(1899)年に開業したが長らく関西本線専用駅で大阪環状
線は通過扱い。平成9(1997)年から大阪環状線も使用開始となった。

桜ノ宮～京橋間では駐車場と空き地となった淀川貨物線の廃線跡がある。城東線時代の昭和2(1927)年に開通した貨物線だ。終点には淀川貨物駅と淀川電車区があった。桜ノ宮駅のすぐ北に位置したが廃止後のいまは高層団地や病院となっている。

びる。

政府から鉄道国有法が公布されると関西鉄道梅田線と西成鉄道は国有化。梅田線は城東線、西成鉄道は西成線となる。

双方の路線はまだ直通運転をしておらず、開業以来の非電化路線だ。本数は増え、市街地を寸断する地上の線路は街の発展を妨げるため、城東線は昭和8（1933）年に電化と、森ノ宮～京橋間を除いた高架化を行う。西成線は昭和16（1941）年に電化。この時点ではまだ高架化はしていない。城東線と西成線が直通運転するのは戦時中からで、天王寺～京橋～大阪～西九条～桜島間の逆C字運転となる。

大阪は戦後の復興と成長で利用者も増え、国鉄はいよいよ環状線化に着手する。関西本線今宮駅から分岐する貨物線の大阪臨港線を活用して、西九条まで高架新線を建設した。昭和39（1964）年、大阪環状線が開通。今年で環状線化57年だ。

## さほど高い建物がなく 7ヵ所で私鉄と交差する

大阪をスタート地点に、外回りで見て巡ろう。線路はほとんどが高架橋だ。大阪駅から東海道本線と別れる。天王寺までは城東線だった区間だ。伊丹空港の着陸経路が至近な場所ゆえに、着陸機がある度に空港の管制から撮影中断を余儀無くされるが、撮影日はコロナ禍の着陸機減便により珍しくも中断せずに空撮が可能であった。

京橋駅で京阪電鉄と、鶴橋駅では近鉄と交差する。大阪環状線では合計7ヵ所で私鉄と交差し、各私鉄は環状線の内側へ路線を延ばしている。山手線とは異なる。

戦前、私鉄が大阪中心部方向へ路線を延ばし、城東線の内側へ起点駅を設けた。だが、大阪市が〝市内中心部は公共性の高い市営バスと路面電車で運営する〟との方針であったため、中心部には駅を設置できなかった。戦後は交通の方針を転換し、中心部までの私鉄乗り入れを許可している。

上空から見た私鉄乗り換えターミナル駅は、例えば京橋駅のように駅前は低めの建物が多く、高層ビルも連なっておらず、駅周辺が広い印象を受ける。商店街が隣接する駅もいくつかあり、私鉄沿線のような地域に密着している生活感を感じた。

## 日本一の高層ビルとバラエティに富む運転

沿線には超高層ビルもある。日本一の高さを誇る「あべのハルカス」だ。関西本線（大和路線）、阪和線、近鉄南大阪線が接続するターミナル、天王寺駅にある。ここはあべのハルカスが300mの高さのため、空撮では気を遣う。300m以上では飛行しているものの、ビル全景を入れれば電車が小さくなり、毎度空撮する度に悩ませられるのだ。天王寺駅はあべのハルカスだけではなく眼下のホームにも特徴があり、北側のホームは頭端式ホーム構造となっている。そこを写

西九条駅を北西（野田駅方向）からみる。駅はホームが2面あり真ん中はゆめ咲線が使うことが多い。ゆめ咲線は右へ分岐し大阪環状線は安治川を渡る。駅を横切るのは阪神なんば線の高架ホームである。

天王寺駅構内ですれ違う大阪環状線323系と関西本線のウグイス色の201系。国鉄時代から活躍してきた201系は風前の灯だがまだ頑張っている。

すとなると、さらに構図は悩む。

ところで、大阪環状線では専用の323系電車の他に、関西本線、阪和線の電車が乗り入れてくる。車両はバラエティに富み、関西本線用普通と大和路快速の221系・223系・225系、阪和線の特急くろしお、関空特急はるか。環状線なのに特急や快速列車も走り、行き先もバラバラだ。

大阪環状線が他路線との乗り入れを始めたのは、昭和48（1973）年の関西本線電化から。全車両が統一系列で他路線と乗り入れない山手線とは異なる。

新今宮駅より西側は、大阪臨港線の貨物線を転用した区間となる。境川信号場（現・廃止）～西九条間は大阪環状線の開通に備えて唯一新設した区間だ。明治時代に大阪鉄道が断念した住宅密集地ではあったが、いざ環状線建設事業が本腰になると、数年で高架橋が建った。この場所は高い高度から全容を掴みたく、約1800m上昇して捉えた。

西九条駅は桜島線の分岐駅である。桜島線は大阪環状線となるまでは西成線であった。現在ではゆめ咲線の愛称が浸透しており、途中の安治川口駅にある貨物駅まで貨物列車が走っている。西九条駅はいまから20数年前の学生時代に訪れたとき、阪神の高架駅が聳え、プツンと行き止まり構造であった。先は未成線となるのではと思っていたが、平成21（2009）年に阪神なんば線となって延伸されている。

大阪環状線は西九条駅を過ぎればあと少しで大阪駅へ戻る。空撮しながら巡っても40分もかからない環状線は、やっぱりコンパクトだ。沿線の街並みは住居も多く、都市の輸送を担いながらも沿線の生活路線でもある姿が印象的である。

天王寺駅の全景。東からみる。あべのハルカスが突出して高い。天王寺駅の右側は頭端式ホームで阪和線などが使用する。阪和線前身の阪和電気鉄道が開業した乗り場である。あべのハルカス付近のターミナルは近鉄南大阪線大阪阿部野橋駅。道路を隔てて駅名が異なる。写真右奥は天王寺動物園の緑と通天閣の姿も見える。

# 飛行機と鉄道

## 新大阪駅

B737-800（JA76AN）が左側の3000m滑走路（32L）へ進入する前に新大阪駅の西側を通過する。まだ屋根も汚れていない真新しいN700系が折り返し用の留置線から顔を出した。背後のJR車両基地網干総合車両所宮原支所にはJR西日本の豪華クルーズトレイン「トワイライトエクスプレス瑞風」の姿が写真上にみえる。令和3（2021）年5月3日。

### 新幹線駅の真上を着陸機が通過する日常

昨今の東京都心は羽田空港着陸ルートとなり旅客機が低空で……と話題になったが、以前から着陸機が真上を通過する駅がある。その1ヵ所が新大阪駅だ。新大阪駅を降りて上空を見上げたら、次々と旅客機が低空で飛行してきて驚いたことがある。

新大阪は東海道新幹線開通にあわせて昭和39（1964）年に開業した駅で、宮原操車場（当時）や北方貨物線、東海道本線がデルタ線で接続する地点の田園と集落地帯に、新幹線ターミナル駅が誕生した。

伊丹空港は新大阪駅の北西6km地点にあり、正式には大阪国際空港と呼ぶ。戦時中は陸軍伊丹飛行場、戦後は米軍接収を経て国際空港となり、関西国際空港が開港するまでは大阪の国際玄関口だった。

新大阪駅停車中の新幹線と伊丹空港着陸機を撮る。お互いに交通のライバルであり、日本の交通を支える乗り物を一枚の写真に収めようと、いつもの航空会社と打ち合わせて、撮影に挑んだ。伊丹空港への申請は通常の空撮と同じ方法だ。

DHC-8-400（JA460A）が新大阪駅東側を通過するときN700系が構内へ進入してきた。何度か飛行機と鉄道を空撮しているがタイミングが難しく双方とも動いているシーンはなかなか撮れない。平成28（2016）年4月30日。

胴体に日の丸が描かれたB767-300（JA614J）は新幹線ホームと地下鉄御堂筋線ホームの真上を通過していった。新幹線ホームは屋根が大きいために車両が隠れやすくN700系の半身がちらっとみえた。平成29（2017）年11月9日。

空港に近く着陸ルートと重なるため、当日の天候だけでなく、運行状況によっては空撮できない。

着陸機と十分に高度差を保つ。こちらは2100m以上の高度で飛行した。窓を開けての撮影だから、外気は標高2000m級の山頂に立つときの体感温度である。冬は氷点下で凍え、夏は気持ちいい。2016年、17年、21年の3回空撮し、どちらも少々ひんやりした。大事なのはモヤっていないクリアな視界だ。数年かけて何度かトライをした。

新幹線と旅客機がお互いに交差する瞬間を、2100m以上の真上から超望遠レンズで狙う。レンズは大きく長いが機体を傾けるのでブレないように気をつける。旅客機と新幹線の距離がぐっと近く見えるのは、望遠レンズの圧縮効果である。旅客機が着陸直前で、高度が低いこともあるが……。

新幹線は航空機技術を取り入れて誕生した。旅客機と鼻先が合うときはどこか似ていると、そんな気がしてならない。双方は地上と空と、スピードを追求して誕生した乗り物。鼻先の形状はシュッとしてくるのだなと上空で感心していた。

# 羽田新ルート

小田急線代々木上原駅の上空はJALのB767-300（JA657J）が通過しA滑走路（16R）へ向かう。駅へ停車するのは小田急唯一の白い車体の通勤車両8000系だ。地上は日が暮れて日没までの影が支配する時間帯。かたやB767にはスポットライトのように夕焼けが差して機体が輝く。

国立競技場の最寄りである千駄ヶ谷駅とソラシドエアB737-800（JA813X）。千駄ヶ谷駅は東京2020オリンピック用に使用停止していた片面ホームを復活させて2面式となった。

上海発の中国東方航空A321（B-2420）と品川駅。この機はA滑走路（16R）へ着陸する。夕方の光線で地上が淡くモヤっているが写真中心が京急のホームだ。トライアル時はまだ国際線も飛来してきた。

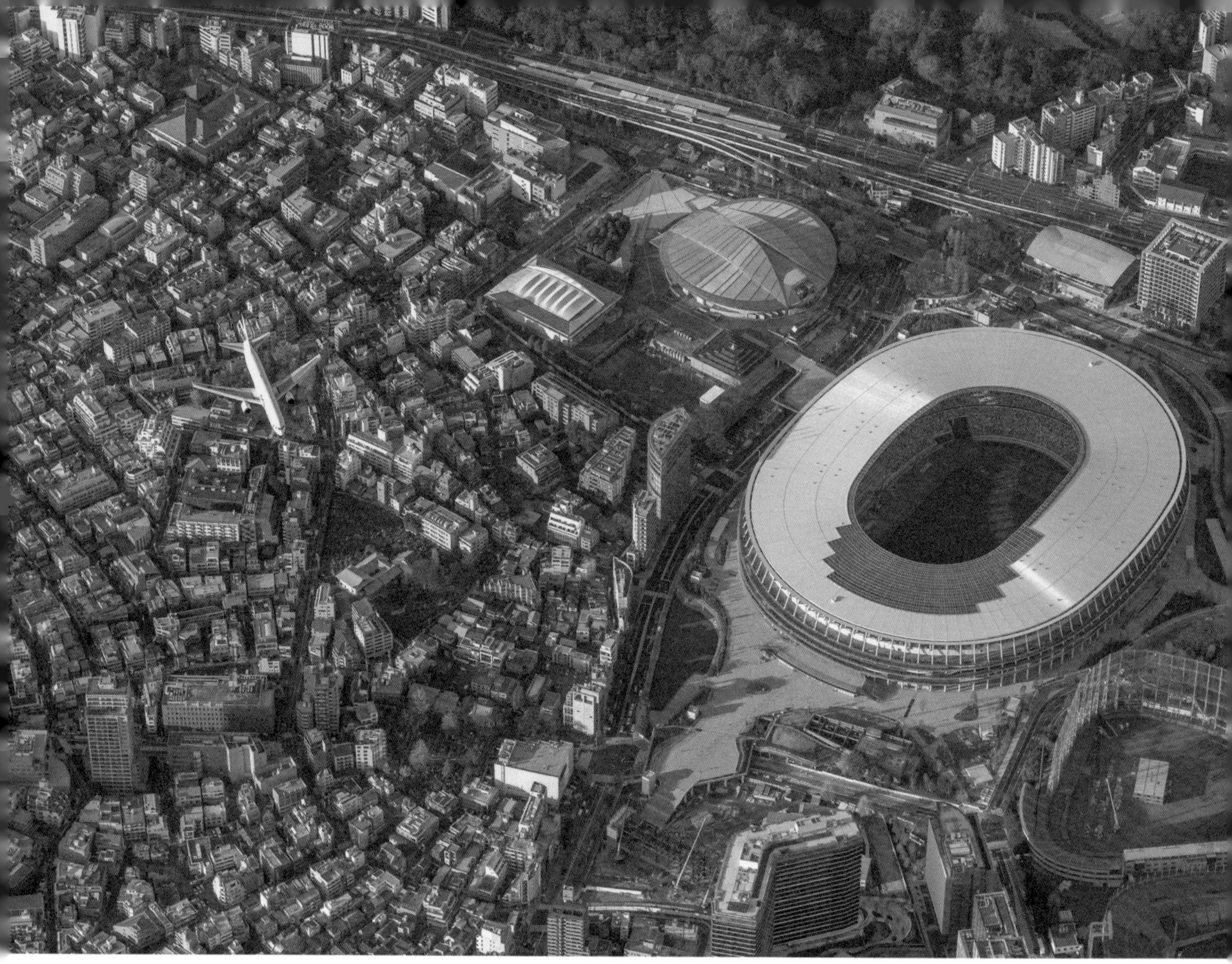

千駄ヶ谷駅と国立競技場とJALのB767-300（JA8980）。オリンピックが延期し翌年の緊急事態宣言下にほぼ無観客で開催されるなどこの時点では予想もできなかった。

## 都の中心部を飛行する着陸機と眼下の主要駅

羽田空港は離着陸増加などをふまえて、国土交通省と関係機関が都心上空のルートを通過して離着陸する「羽田新経路」を追加した。とくに着陸ルートは高度約1000m（新宿駅付近）〜約500mほど（品川駅付近）を飛行することとなり、このルートの条件は南風、15〜19時の間の3時間程度となる。

運用は令和2（2020）年から、開始した。旅客機が都心主要駅上空を飛行したときはどの様な光景なのか、さらに高空から捉えてみた。

空撮は乗客を載せた状態のトライアル（試験飛行）時に実施した。撮影前、実際にどの辺を飛行するか調べるところから開始する。半年ほど前から飛行確認と試験のため航空局のジェット機（セスナ・サイテーション）が早朝に飛行した。鉄道で例えるなら開通前の試験列車だ。それを地上から観察して、だいたいのイメージを掴む。

トライアルは1月末から1ヵ月間のうち6日程度行う。新経路は南風の15時以降だ。2月1日に開始された。初日と二日目は何社も報道ヘリを飛ばしたので、そのニュース映像を見た方も多いことだろう。報道も望遠レンズを多用し、撮影角度と圧縮効果によって遠近感が無くなり、眼下の建物と旅客機が近くに見える。報道映像も空撮のイメージチェックとなった。

新経路空撮では事前申請をして、当日は管制官の指示を仰ぐ。当日判断によってはNGもあり、この撮影ではOKであったものの、以後はNGである。着陸機の混雑や安全のためなど様々な理由がある。

撮影高度は2100m以上だ。冬なので都心でも氷点下である。都心を飛行する姿だけでなく、鉄道との絡みも捉えた。600mmクラスのレンズで撮影したものは機体と背後の駅が大きく見えるが、目で見ると旅客機は小さい。小さな機体を目で追って超望遠レンズで狙う。

2月は日没が早く、地上はすでに影の中。夕日があたる旅客機の機体と、闇に包まれていく都市との対比が冬の美しさを引き立てていた。

コロナ禍中のいま、新経路は飛来数が少ないが運用されている。過去に私が訪れたロンドン、シアトル、台北では、街の上空を毎日着陸機が飛行していた。東京もその光景が日常となるのだろうか。

新宿駅を背後にしたANAのB787-8（JA807A）。ドコモビルと新宿御苑に旅客機の姿は見慣れないから不思議な光景だった。

600mmレンズで狙う高輪ゲートウェイ駅とANAのB787-9（JA830A）。山手線新駅と再開発地区と羽田新ルート。令和2（2020）年の東京の交通を表した一枚だ。引退した185系の姿も（駅舎上の白地に緑の斜線の電車）

# コラム
# いつも当たり前だった環状線の顔

阪神高速15号線と南海汐見橋線と交差する場所で103系を捉える。左が芦原橋駅方向。平成25(2013)年8月28日。

E231系500番台のウグイス一色ラッピングはずっとやってほしかった。右側に高輪ガードの道が見える。平成25(2013)年3月9日。

山手線と大阪環状線の車両はこの数年で世代交代をした。ウグイス色とオレンジ色を纏った東西の環状線の車両を振り返る。

山手線は平成14（２００２）年から２０５系に変わりＥ２３１系５００番台が活躍した。先輩の２０５系が直線的であったのに比べ丸みを帯びたデザインとなり、少々肉厚な印象があった。そのふっくらとした姿と前面の白い顔つきは、国鉄時代の通勤電車から踏襲してきた直線的なデザインとは異なり、私は好感が持てた。

平成25（２０１３）年は路線カラーのウグイス色５０周年で一編成がウグイス色になった。辛うじてウグイス一色の電車を空撮したが、高輪築堤が発掘された場所の「行灯殺し」ガード地点で（Ｐ12参照）、１８５系や２１５系など、つい最近去った車両が写っていて、「懐かしい」の一言である。

大阪環状線は１０３系である。大学生活で南大阪に住んでいたときは、市内に出るといえばオレンジ色の１０３系で、昭和40年代の車両ばかりを見て「東京はすぐ車両が変わるがＪＲ西日本は物持ちがよいなぁ」と感心したものだ。

そして卒業してからさらに10年ほど経って空撮してみると、まだ１０３系が走っている。第一線で活躍する姿を見て感動した。追っかけていきたいが、ぎりぎりの予算で飛行しているために寄り道の余裕はなく、最後の活躍をする１０３系の勇姿はそれほど撮影していない。

第3章

# ローカル線旅情

# 由利高原鉄道

ローカル線。この響きは心が和む。鉄道旅を喚起する癒しの代名詞といえよう。牧歌的でのんびりとした空気と存在感は、ローカル線ならではの味わいだ。いままで空から出会ってきたローカル線の姿をピックアップした。

## 鳥海山を望む終着駅と米どころを行く線路

撮影日：令和3（2021）年5月27日

秋田、山形県境に聳える鳥海山を背後に由利高原鉄道鳥海山ろく線の終点矢島駅がある。同鉄道は羽後本荘と釜石を結ぶ鉄道の一部として開通し国鉄矢島線を経て昭和60（1985）年に第三セクター鉄道となった。

子吉駅に停車する羽後本荘行き。周囲は田園地帯であり田植えシーズンの5月は水が張られ湖のような光景となる。子吉駅周囲も田圃に囲まれているから小島のように見えた。

終点の矢島駅は車両基地も兼ねている。主力のYR-3000形がホームに停車中。もう一両は構内入れ替え中である。駅売店の名物店員まつこさんが訪れる人をもてなしている。

# 弘南鉄道

水鏡の幻想的な津軽平野と銀色の元東急の電車

撮影日：令和3（2021）年5月26日

弘南鉄道は中央弘前〜大鰐間の大鰐線と弘前〜黒石間の弘南線の2路線がある。弘南線の弘前行き電車が平賀駅を発車した。津軽平野は水田がどこまでも広がる。田圃の水鏡は湖というより海原のように平野全体が水を張っているようだ。

黒石行きが津軽尾上駅へ停車して数人が下車する。車両は元・東急電鉄から譲渡されたデハ7000系で同線の主力だ。ワンマン運転のためドアの開閉はボタン式である。

津軽鉄道は津軽五所川原～津軽中里を結び津軽平野を北へ進む。嘉瀬《かせ》～金木間は右も左も水田が続いている。津軽鉄道の21形気動車は金木出身の太宰治の小説から「走れメロス」と命名されている。車体は鮮やかなオレンジ色だ。

田園地帯が続く牧歌的な沿線は終点津軽中里駅の手前で少々特徴的な屋根の集合住宅「中泊町さわやか団地」に出合う。この団地が目に入ると終点はもうすぐだ。

津軽五所川原駅は車両基地も兼ねており名物のストーブ列車用の客車やキ100形ラッセル車などが休んでいる。ホームからの車両観察も楽しい。

津軽飯詰～毘沙門間は津軽平野と津軽山地の境目付近をいく。津軽平野の水田が途切れるところでこの先は津軽山地の裾野のため少々起伏があって勾配がある。

# ひたちなか海浜鉄道

国鉄キハ20形も在籍する
太平洋の大海原を背に走る

撮影日：令和3（2021）年2月2日

ひたちなか海浜鉄道湊線は勝田〜阿字ヶ浦間を結ぶ。ひたちなか海浜公園まで延伸が決まり話題となった。勝田行きが新駅の美乃浜学園を過ぎた。太平洋の海岸線には中生代白亜紀層がある。

西日を浴びる那珂湊駅。同線の車両基地があり車両のメンテナンスを行う。手前に停まるツートンカラー（国鉄色）は国鉄からやってきたキハ20形のキハ205。ときおり走っている。

# 小湊鐵道

SL風機関車のトロッコ列車と約半世紀前の気動車が房総の里山を結んでのんびりと走る

撮影日：令和2（2020）年11月13日と12月22日

小湊鐵道は房総半島中央部の五井～上総中野を結ぶ。国鉄キハ20形に準じたキハ200形気動車が約半世紀前から活躍している。馬立～上総牛久間を行く五井行きのキハ200形2両編成。秋らしいシーンに出会えた。

起点の五井駅には五井機関区がある。屋根に窓があるのは房総里山トロッコ号。手前で機関車から顔を出すのは電車から気動車化したキハ5800形保存車。只見線から転入したキハ40形も見える。これから活躍する車両だ。

飯給駅で停車する養老渓谷行きの房総里山トロッコ号。小湊鐵道黎明期に活躍した蒸気機関車を模したSL風ディーゼル機関車とはいえ見た目はリアル。周囲の風景にマッチしていて牧歌的な光景である。

# 大井川鐵道

大井川に沿う私鉄は
毎日のようにSL列車が走る

撮影日：平成28（2016）年11月30日

金谷〜千頭間の大井川鐵道はSL列車が年間300日ほど走る。SL列車は新金谷発だ。旧国鉄のC11形190号機関車が途中駅の家山へ停車。沿線は蒸気機関車に似合う木造駅舎が多い。木造駅舎はSL旅の名脇役である。

家山駅を出発したSL急行「かわね路」号が小鉄橋へ差し掛かる。旧型客車のオハフ33形が連結され周囲は古い街並みも残りジオラマのような光景だ。沿線の街にとっては蒸気機関車が走る光景が日常である。

抜里（ぬくり）〜川根温泉笹間渡間は大井川を渡る。この大井川第一橋梁は撮影スポットとして有名だ。橋梁を渡る姿を真上気味に狙う。この日は7両編成で後部に補機の電気機関車が連結されていた。

# 三岐鉄道北勢線

762mm軌間のナローゲージは地域に密着した生活路線

撮影日：平成26（2014）年8月5日

三岐鉄道北勢線は桑名〜阿下喜を結ぶ。軌間762ミリのナローゲージで可愛らしい黄色の小さな電車が地域の足となって通勤通学でも活躍する。三岐鉄道の前は近鉄の路線であった。東員〜大泉間の戸上川を渡る桑名行き。

麻生田駅を発車した桑名行き。駅と線路は員弁(いなべ)川の河岸段丘の上にあるため川に近い街並みとは僅かな標高差がある。段丘は林になっているため車窓からは員弁川を見下ろすことは難しい。

# 伊予鉄道高浜線

## 瀬戸内海に沿って行く線路
## 通勤電車は海に近い駅へ

撮影日：令和2（2020）年10月30日

伊予鉄道高浜線は四国初の鉄道で三津から高浜まで延伸は明治25（1892）年である。港山駅は三津浜港からすぐ近くで無料渡船「三津の渡し」がある。駅には上下列車が停車する。

ドラマ撮影地となって有名になった海に近い駅梅津寺。空から見ても海と砂浜が目の前だというのがよく分かる。オレンジ色の車体は海を前にしてもよく映える。なお高浜線は梅津寺～高浜間が単線である。

# 三《み》角《すみ》線

## 「A列車でいこう」が遠浅の長浜海岸を快走する

撮影日：令和3(2021)年7月27日

三角線住吉～肥後長浜間で見える干潟を眺めながらJR九州の特急「A列車でいこう」が三角へ向けて快走する。三角線は九州鉄道時代の明治32(1899)年に開通。天草諸島への連絡を目的とした。

肥後長浜駅の手前では遠浅の長浜海岸に沿って走る。有明海が広がり気持ちの良い車窓が望める。長浜海岸は潮干狩りとしても有名だ。

# 指宿枕崎線

開門岳がどんと構える
JR最南端の路線

撮影日：平成28（2016）年4月19日

独立峰の開聞岳をバックに大山駅へ停車するキハ40形の上り列車。指宿枕崎線は鹿児島中央～枕崎間を結び昭和38（1963）年全線開通である。西大山駅は沖縄にモノレールが誕生するまで最南端の駅であった。

西大山～大山間の耕作地帯を快走するキハ40形。開聞岳の麓は田畑が広がっており様々な作物が作付けられている。畑はパッチワークのようにカラフルで造形的に面白い。単行のキハ40形も良いアクセントである。

山川港の最寄りである山川駅は町の外れで崖と港に阻まれたわずかな場所にある。当駅で折り返す列車もあり黄色のキハ200系が停車中だ。

コラム

# 奥会津とキハ40形

只見川第3橋梁を渡る。風がなかったので只見川は水鏡となった。2枚とも平成28(2016)年11月10日。

会津中川駅手前の大志集落付近をいく。只見川はダムで堰き止められているから川面より湖面のようだ。

只見線は会津若松から会津盆地と奥会津の深い山々を縫い、上越線の小出へ至る。平成23（２０１１）年7月の水害により会津川口～只見間が運休となったが、復旧が決まり、令和４（２０２２）年度中に全線再開見込みである。

　奥会津の家々の素朴な佇まいと只見川沿いの自然を国鉄型気動車が走る、その姿を空撮しようと仙台空港から離陸して、福島県内の撮影も兼ねて只見線へ飛んだ。

　山間を縫う線路は晴れると影ができやすい。ディテールを見せるには曇天が望ましい。しかし曇りは雲が低くなる。セスナ機やヘリは有視界飛行のため目視が効かないと飛行できない。雲が低く視界が悪かったら引き返す条件付きだ。

　会津若松市の上空へ出ると只見線方向は雲が高め。これはいけると判断し、会津川口駅発の3両編成４２８Ｄ列車を追って空撮した。キハ40形よりもセスナ機のほうが速い。パイロットにはタイミング合わせてもらったが、何度も鉄道空撮で一緒に飛んだ方なので阿吽の呼吸というか、気楽に撮影できた。トンネルから出て鉄橋を渡るタイミングも慣れたものだ。

　只見線はキハ40形からキハＥ１２０形へ変わった。全線開通の折はまた空撮しようと思う。

# 第4章

# 軌道・線路・駅

路面電車

# 札幌市交通局

47都道府県のおおかたの都市には存在した路面電車は、令和3（2021）年現在、軌道法に基づくもので18事業者である。そのうち、線路設備、車両、生い立ちなど、ちょっと特徴的な路面電車のスポットをピックアップした。

右側の西4丁目電停から都心線に入る交差点部分。サイドリザベーション方式のため札幌駅前通の道路脇へ軌道が分かれる。平成31（2019）年3月19日。

電車事業所を藻岩山方向からみる。こちらは裏手である。半周回する構内軌道は庫内へいくつか分岐している。昭和36（1961）年から活躍してきた最古参のM101号も事業所内に在籍するが引退した。平成27（2015）年5月1日。

## 部分延伸をした最北の路面電車

札幌市交通局の札幌市電は、日本最北の路面電車である。札幌市の中心部に張り巡らされた路線網は１９７０年代に大部分が廃止され、長らく西4丁目電停〜すすきの電停間の一条線、山鼻線、山鼻西線を繋いだ「C」の字の路線であった。札幌の街は碁盤目状である。大通公園より南一条、南二条と道路が南下しており、南一条にある西4丁目電停と、狸小路を挟んで南四条にあるすすきの電停の間は僅か４００ｍもない。歩いてすぐの距離に起終点があった。ここが繋がって札幌駅へ向かうルートが復活すればいいのにと思ったほどだ。

〝あった〟と過去形なのは、平成27（2015）年に両電停を繋げ、都心線として延伸したからである。都心線はサイドリザベーション方式という歩道脇を走行する軌道となり、道路中心を走行する他の区間とは異なって目新しさがある。この開業により札幌市電は「C」の字から

都心線の全景。右が西4丁目電停で左がすすきの電停だ。都心線の道路中心の街路樹は昭和48(1973)年廃止となった西4丁目線があった場所。西4丁目線は札幌初の路面電車路線のひとつであり廃止直前は西4丁目〜すすきのを結ぶループ線であった。札幌市電の礎となった場所が一度廃止となり再びループ線となって軌道が復活したのは興味深い。平成31(2019)年3月19日。

ループ線となり、すすきの電停には道路上に折り返し線が増設された。

都心線が走る道路は、札幌駅から南下してくる札幌駅前通で、地下鉄南北線と地下街が存在する目抜き通りだ。

都心線以外にも目を向けると、軌道は碁盤目状の街を走り、資生館小学校前電停、幌南小学校前電停、電車事業所前電停、西15丁目電停、西4丁目電停、すすきの電停でカーブする以外、ほぼ直線である。シンプルな軌道敷きだ。電車事業所前電停にはその名の通り事業所があって、裏手は藻岩山が迫っている。

面白いのは、事業所内の構内軌道がぐるっと半周回できることだ。所内に入庫した電車は裏手に回って、奥から検修庫へ入ることができる。そのまま検修庫を出庫すれば、本線へ戻れる構造だ。事業所内には冬の名物、除雪車のササラ電車も待機しており、冬の到来とともに、割いた竹を組んだブルームを装備して除雪作業にあたる。

ループ線化となった札幌市電は、次なる札幌駅への延伸も市が検討しているが、融雪装置の経費負担とコスト増により赤字が見込まれ、延伸の可否はまだ先の話だ。

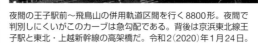

# 東京都交通局

夜間の王子駅前〜飛鳥山の併用軌道区間を行く8800形。夜間で判別しにくいがこのカーブは急勾配である。背後は京浜東北線王子駅と東北・上越新幹線の高架橋だ。令和2(2020)年1月24日。

熊野前電停では都営舎人ライナーと交差する。交差点の信号待ちで停車する路面電車と新交通システムの車両がほんの一瞬顔を合わせた。平成30(2018)年6月19日。

神田川を渡り明治通りの高戸橋交差点で停車中の8900形。一帯は半世紀前の写真を見ると家々が密集していた。現在は区画整理され高層マンションも建つ。令和3(2021)年7月20日。

## 首都東京に残された唯一の路線

東京都交通局の都電は戦後の最盛期に41の系統があり、都区内に張り巡らせ、路線長213kmを誇り、首都東京の都市交通を担う重要な足であった。今でも「6番は渋谷から新橋」と、系統番号で覚えている方に出会う。複雑な系統が交差し、番号と行き先を覚えなければ目的地へ辿り着きにくかっただろう。当時の

荒川線は27系統の三ノ輪橋〜王子駅前間と荒川車庫前〜早稲田間の32系統を統合。昭和49(1974)年に再スタートをきった。荒川車庫は同線の車両を一手に扱う。専用軌道に対して直角に面した車庫がある。隅田川と荒川が近い。平成30(2018)年6月19日。

都電路線図を広げてみると、最短ルートを見つけるのに少し時間がかかるほど系統が交差する。

しかし、自動車社会により次々と廃止へ追い込まれた。昭和42（1967）年は86・2㎞が第一次撤去線となって廃止。以後は次々と路線縮小と廃止を繰り返し、2つの系統を合体させた荒川線が残されて、41もあった系統は1系統に整理された。道路上を走る路面区間がわずかで、ほぼ道路と独立した場所を走る専用軌道の路線であったのが幸いした。

荒川線は三ノ輪橋から下町情緒がつづき、桜の美しい飛鳥山を回り込むように併用軌道（路面電車区間）があって、大塚までは住宅地を縫う。鬼子母神前は都市道路整備による軌道付け替え工事が進行中だ。明治通りに沿って神田川を渡ると、道路中心部に専用軌道を設けた新目白通りを進んで、道路上に早稲田電停がある。

都電荒川線は忙しない東京の街にあって、ゆったりと走っているように感じられる。唯一残った都電として末長く活躍してもらいたい。

# 万葉線

万葉線の名称は万葉集の編者で歌人の大伴家持が越中国司として高岡に赴任した歴史からあやかった。運行系統は高岡駅前～六渡寺間の高岡軌道線と六渡寺～越ノ潟間の新湊港線である。越ノ潟駅は終着駅となり駅の先には朱色の渡船が電車の客を待つ。どことなく郷愁という言葉が似合う光景だ。平成27(2015)年3月16日。

米島口電停には万葉線の車庫と本社がある。飲料メーカーの広告を纏うのはデ7070形。連接低床車はMLRV1000形。除雪車は赤い機関車タイプだ。隣のデ5022号は現在移設されて保存されている。平成27(2015)年3月16日。

## 終着駅は渡船が出迎える

万葉線は高岡駅から富山湾へ向けて路線を伸ばしている。

前身は富山地方鉄道と加越能鉄道だ。1960年代は利用者減など廃止の危機になったが、国の補助金を受け存続していた。

平成となるや補助金打ち切りで、廃止が再燃するも、周辺の市と市民が存続を模索。路面電車初の第三セクター鉄道万葉線が平成14（2002）年4月、再出発した。

万葉線は高岡市内の併用軌道を走る。高岡は夏の風物詩七夕まつりが有名で、時期になると高岡軌道線の道路沿いは煌びやかな七夕飾りが彩りを与える。新湊港線に入ると線路の扱いが路面電車の軌道ではなく普通鉄道線である。

越ノ潟駅は新湊大橋がすぐ目の前。終着駅は小さな町だ。かつては鉄橋を渡り東側の射水と富山まで、富山地方鉄道射水線として乗り入れていたが、富山新港開削のため分断して終着駅となった。

分断して対岸となった射水線は廃止され、現在は渡船が出迎えている。

# 富山地鉄市内電車

富山駅を東側からみる。右端が富山ライトレール富山駅前電停だ。左側は富山地鉄の市内線でデルタ線がある。富山駅の高架下には富山駅電停を新設した。既存の富山駅前電停は電鉄富山駅・エスタ前へ改称した。写真下は富山地鉄鉄道線の乗り場だ。2枚とも平成27(2015)年3月16日。

高架下の軌道導入部分。富山駅電停のホームは長い。折り返しと直通の各行き先別の電車が停発車していく。ホームの中心部分には人道踏切があり東西へ流れる人の往来はこの踏切を使う。高架下を路面電車が貫くだけでなく踏切まであるのは面白い構造だ。

## 駅高架化で南北の路面電車が繋がる

富山駅は、駅を挟んで南側は富山地方鉄道（以下、地鉄）市内線が、北側は富山ライトレールがあった。双方の軌道は、北陸新幹線開通による駅高架化によって大きく変わった。

令和2（２０２０）年3月、高架下に双方の軌道が延伸されてレールが繋がり、富山ライトレールは地鉄市内線へ編入された。高架化によって南北の道路が繋がる話は聞くが、路面電車同士が繋がるのは初めてではなかろうか。

富山ライトレールはＪＲ富山港線の線路を一部軌道化し、平成18（２００６）年に開業。平成初の路面電車新規開業である。地鉄市内線は大正2（１９１３）年の開業時から街の足として活躍している。

富山ライトレールのさらに昔は、地鉄富岩線として開通した路線が戦時買収されて富山港線となった。今回の編入は再び地鉄へ返り咲いたともいえる。

市内電車の空撮は北陸新幹線開業時である。この時点ではまだ南北のレールが繋がっていない。工事中の記録である。

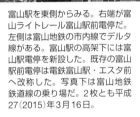

# 豊橋鉄道

半径11mを上空から眺めると脱線しているかのように車体が線路の外にはみ出す。連節構造のT1000形ほっトラムはカーブを曲がりきれないため入線できない。車両は名鉄岐阜市内線から転入したモ780形。平成29(2017)年2月7日。

競輪場前電停には市内線営業所があり建物脇の狭い空間に留置線が2本ある。日中は車両が休んでいることが多い。建物に挟まれた狭い空間に電車が留置される姿は面白い光景だ。平成29(2017)年2月7日。

## 日本一の急曲線がある市内線

豊橋鉄道は鉄道線の渥美線と、軌道線の市内線の2路線から構成される。

市内線の東田《あずまだ》本線は豊橋駅を起点に、駅前～赤岩口、井原～運動公園前の2系統あって、全線併用軌道となる。豊橋電気軌道、豊橋交通、豊橋鉄道へと社名変更して現在に至っており、渥美線の前身が渥美電鉄であったのに対し、東田本線が豊橋鉄道の路線であったため本線と名乗る。

東田本線は国道1号線などを併用軌道で走る。国道1号線に路面電車が走るのはここだけではなかろうか。競輪場前電停までは複線であった軌道は、赤岩口と運動公園前までは単線となる。

東田本線には見所がある。井原電停から運動公園前電停まで昭和57（1982）年に路線が延伸した。この延伸は全国で14年ぶりの路面電車新規路線であった。分岐箇所は交差点で、線路をグニャッと曲げたかのような急曲線が敷かれ、その半径はなんと11m。日本一急な曲線となった。

車体が線路のアウト側へはみ出しながら曲がる姿は、なかなか衝撃的である。

# 地下鉄、山岳、路面
# 京阪大津線

県道高島大津線の併用軌道区間と専用軌道の境界。路面電車ではなく普通の電車が道路を走る姿は圧巻だ。大津線（京津線）は平成9（1997）年の地下鉄東西線乗り入れ前は京津三条駅まで地上だった。蹴上には66.7‰の勾配がある併用軌道区間があった。平成27（2015）年1月29日。

逢坂山トンネルを出ると半径45mの急カーブを車体長16.5m×4両が折れ曲がるように通過する。余談ながら明治初期に日本人のみで初めて掘削し鉄道記念物となった旧東海道本線逢坂山トンネルはこのすぐ北側にある。平成27（2015）年1月29日。

## 地下鉄、山岳路線、併用軌道 目まぐるしく変化する路線

京阪電鉄京津線は石山坂本線と合わせ、京阪大津線と呼ぶ。大津線は京都市営地下鉄東西線と相互直通し、御陵《みささぎ》駅から京都と滋賀県境の逢坂山を越える。そして大津市内を併用軌道で走り、びわ湖浜大津までを結ぶ7・5㎞の路線である。

線路は地下、山岳、道路とめまぐるしく変化する。地下鉄線内では自動運転を行う800系車両が併用軌道を走る。

地下鉄から出た800系は大谷駅へ到着。駅構内の勾配は40‰もあり、山を越える雰囲気だ。逢坂山トンネルを潜り、すぐ左へ急カーブで曲がった先は全国3位の急勾配61‰が待ち受ける。急勾配を下りきると上栄町駅。線路は道路へと吸い込まれ、併用軌道区間が始まる。大津市内の街を併用軌道で走っていくと、一気に右へカーブしてびわ湖浜大津駅へ滑り込む。

京津線は登山鉄道のような特殊な路線ではなく通勤路線である。滋賀県と京都府を結ぶ通勤路線として、このアグレッシブな区間を行き来しているのだ。

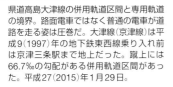

# 広島電鉄

原爆投下で被爆した車両のうち4両(150形156号、650形651号,652号,653号)が現在でも被曝電車の名で動態である。宇品5丁目電停で停車中の651号。隣は戦後の闇市から発展したという宇品ショッピングセンター。残念ながら空撮した約10ヶ月後にほとんど解体された。広電の撮影日は全て令和2(2020)年10月30日だ。

2・3系統が使用する小網町電停は道幅が狭く安全地帯のある停留所が設置できない。道路上に白線のみ引いた電停のために柵もなく危ない。利用者は電車が来るまで歩道で待つ。

白島線白島電停付近に停車する1000形超低床車と山陽新幹線のN700系。白島線は八丁堀～白島間で系統番号は9。終点は道路上にあって背後は京橋川だ。超低床車は他にも5100形と5200形が活躍する。

## 日本最大規模を誇る路面電車

私鉄の広島電鉄は、中国地方最大都市広島の足であり、「広電」の名で親しまれている。広電は「路面電車王国」「日本最大の路面電車」との称号がある。

広電は大正元（１９１２）年に開業。昭和20（１９４５）年8月6日では14万の人命とともに車両と設備も大被害を受けたが、３日後には一部区間で復旧し、廃墟の中からの復興を支えてきた。

いままで線路付け替えと名称変更はありながら廃止路線は無い。全国の路面電車は路線廃止を繰り返し存続してきたのに対し、広電は開業時から路線を広げている。

路線の構成は軌道線と鉄道線から成り、双方ともに直通運転をしている。軌道線は本線、皆実《みなみ》線、宇品線、横川線、江波線、白島線。鉄道線は宮島線だ。宮島線は、路面電車車両ではない一般的な車両「高床式電車」であったが、ホームの高さを低くし路面電車タイプへと変更している。

戦後の自動車社会到来は、全国の路面電車と同じように広電も苦しめた。軌道内への自動車進入が認められるや、渋

広電は懐かしの路面電車を走らせてきた。旧車両と最新式車両が混在しながら走る姿はバラエティに富む。ファンから「路面電車王国」など言われるのも納得だ。右から2番目は元・京都市電で銀色屋根は元・神戸市電だ。千田車庫。

宮島線は平成3（1991）年に高床式電車の運行終了後は路面電車の車両が走る。阿品東駅手前は広島湾に沿い広島名物の牡蠣の養殖棚が仕掛けられる。5連接車体の5200形が軽快な足取りで駆けて行く。

滞が慢性化して定時運行が妨げられ、利用客数が減少となって廃止論も浮上する悪循環となった。広電と広島市や県警は連携して存続の道を模索し、県警は欧州視察を行って路面電車の重要性を再認識し、軌道内の自動車進入を再び禁止した。このことで電車のスムーズな運行が確保できた。

　そして輸送力増強のため、１９６０年代から大阪、神戸、京都で余剰となった路面電車車両を購入する。広電は一部車両の塗装変更をせずに運行した。例えば大阪市交通局（当時）の車体色のまま走らせたのだ。各都市の市電が廃止されるや、とくに鉄道ファンから「動く路面電車の博物館」と呼ばれた。

　また一度に多く乗車できる連接車の新製車両を導入した。１９８０年代の欧州では乗降段差が少なく数両を繋げた超低床車が開発導入されており、広電はそれに着目し、ドイツ・シーメンス社より超低床車「グリーンムーバー」５０００形を輸入して宮島線直通運用に就く。

　超低床車は一度に多くが乗車でき、かつバリアフリーで乗りやすい。軌道線の各線と宮島線は直通運転しており利便性は高い。利用者数は上昇し、１日14・9万人（２０２０年3月現在）となった。他都市の路面電車は多くても4〜5万人台のため、この数字は抜きん出ている。

　広電は路線を廃止せず拡大してきたが、これからも大きく変化する。現在ＪＲ広島駅が大規模改修中であり、南側の広場にある広電乗り場はＪＲ駅の2階へ直角に交わるようにして乗り入れるのだ。そのため猿猴橋町電停を回る現在のルートを取りやめ、稲荷町電停から左折して駅前通りの中央に高架線を新設。２階へ登って到着すると目の前がＪＲの改札口となる。２０２５年度に完成予定だ。

　さらに宇品線の終点広島港から出島地区へ延伸し、電車事業所（車両基地）を新設する計画がある。宇品線千田車庫の後継になるとのことだ。広電はこれからも利便性を高めながら、日本最大の路面電車網を維持していくことであろう。

# 熊本市交通局

大きな屋根に覆われた熊本駅前広場には熊本市電の線路が駅舎側へ近づいている。路面電車は道路の中央に軌道があるのが定石であるが利便性や景観など道路端の歩道側のほうが良い場合がある。

熊本城をバックに走る有名な場所。熊本城・市役所前電停の付近だ。軌道敷きには芝生も養生されている。平成23(2011)年2月に整備された。熊本城は震災から立ち直り復元作業が進行中である。

## 日本初をいくつも生んできた

九州新幹線開通後に改築されたＪＲ熊本駅の駅前。熊本市電の線路は駅前の利便性を高めるため、サイドリザベーション方式によって道路中央から端へ寄せた。サイドリザベーション方式は札幌市電で紹介した。熊本市電はこの方式を全国初に導入しただけでなく、過去にはいくつも「日本初」を生んでいる。

近年の夏は酷暑だ。路面電車もクーラーが当たり前になった。だが40数年前はそうでなかった。昔の夏の暑さはまだマシだったとはいえ、１９７０年代後半、全国の路面電車は窓全開の非冷房車であった。そこに新風を吹き込んだのが熊本市電である。昭和53（１９７８）年、路面電車では日本初となる冷房車を導入したのだ。涼しく快適な電車は利用者にも喜ばれ、運賃収入が増加した。

この背景には、累積赤字が膨らんで廃止が検討されるなかで、熊本市民からの存続の強い要望があった。熊本市交通局では設備更新によってテコ入れ行い、見事に運賃収入が増加したのだ。累積赤字が生まれたのは、自動車社会の到来によって慢性化する渋滞と、老朽化した設備

熊本市電はA系統B系統の2種類あってどちらの系統も健軍町へと向かう。途中の軌道には新水前寺駅前電停があり豊肥本線の新水前寺駅と乗換えられる。特急「あそ」と熊本市電の一瞬の出会い。撮影日は全て令和3(2021)年7月27日。

など様々な問題が重なったからであった。1970年代は事業見直しによって5路線が廃止となるいっぽう、九州内の路面電車初のワンマン運転化も導入した。

熊本市電は車両も日本初だ。昭和57（1982）年、営業用（旅客用）車両では日本初のVVVFインバータ制御車8200形を導入し、省エネに貢献する。熊本市電は意欲的に新しい試みを行い、数々の日本初を生んできた。どれも、現代の路面電車では当たり前となった設備ばかりである。

5000形5014号西日本鉄道から連接車を譲り受け混雑緩和に一役買った。隣の9700形は平成9(1997)年日本初導入の超低床車である。

# 鉄道事業法での併用軌道
# 熊本電鉄・江ノ電

二社とも併用軌道の区間は一駅足らずと短い。熊本電鉄は藤崎線藤崎宮前～黒髪町間だ。写真は手前側が藤崎宮前である。この区間の併用軌道は道路脇にあり元・東京メトロ日比谷線の車両が走る姿は目を引く。法律から鉄道会社をみるとその会社の生い立ちも垣間見られて興味深い。令和3(2021)年7月26日。

## 2ヵ所しか存在しない 鉄道事業法での併用軌道

鉄道には様々な法律がある。なかでも軌道法と鉄道事業法は、鉄道の事業に関わるベースの法律である。

道路に鉄道を敷く場合は軌道法だ。道路占有許可も含まれ、認可されれば道路に線路を敷けるが、実際は道路管理者との調整が必要となる。軌道法は主に路面電車が使用し、大正10（1921）年に公布された古い法律で、事業認可されるときの表現を「特許」と呼ぶ。

鉄道事業法は一般的な鉄道に対する法律で、道路には敷設できない。第一種、第二種、第三種と大別されており、それぞれ経営方法によって分別される。大正時代に公布された地方鉄道法をはじめ、いくつかの法律をまとめる形で昭和61（1986）年に公布された。事業認可されるときは「許可」と表現する。

双方の法律の大きな違いは、単純に述べると鉄道が道路を走るか走らないかである。軌道法の軌道運転規則では路線バスのように続行運転が可能だが、一方で走行する車両の長さも規定され、1列車30m以内と定められている。

江ノ電は腰越〜江ノ島間である。写真上が江ノ島駅方向だ。江ノ電は線路が道路中心にある。江ノ島に近いため自動車などの交通量も多い時がある。最古参で人気者の305号が現れた。平成29(2017)年5月8日。

また、軌道法で運行している路線に30m以上の列車が走っていたり、地下鉄であったり（大阪市高速電気軌道＝大阪メトロ）と、例外の場合は国土交通大臣許可の「但書」が添えられる。

鉄道事業法で併用軌道の事業者は、江ノ島電鉄（江ノ電）と熊本電鉄の2社のみだ。この2社は軌道法で特許を得た鉄道会社であった。それが途中で地方鉄道（現・鉄道事業法）へ変更したのである。

江ノ電は、戦時中に近隣の東海道本線などが攻撃されて不通となった場合の迂回になるとのことで、国策のために地方鉄道への変更を許可された。

熊本電鉄は前身の菊池電気鉄道時代の昭和17（1942）年に地方鉄道へ変更されている。理由は、沿線軍事施設への輸送と国鉄（当時は鉄道省）との連携のためである。両鉄道とも戦時中という特殊な状況下での変更であった。

ビジュアル的に面白く目を引くのは、普通の電車が道路上を走ってくることだ。家々の軒先と道路上をそろりそろりと走る姿は迫力がある。

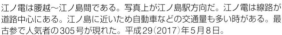

# ちょっと特別な鉄道設備

## デルタ線（三角線）

南からみた青森駅。駅の手前にはデルタ線がある。右が東北本線（現・青い森鉄道線）方向で左が奥羽本線方向だ。大正15（1926）年に東北本線方面に青森操車場が開業。合わせて奥羽本線との単線短絡線を設置した。それがこのデルタ線の底辺部分にあたる。令和3（2021）年5月26日。

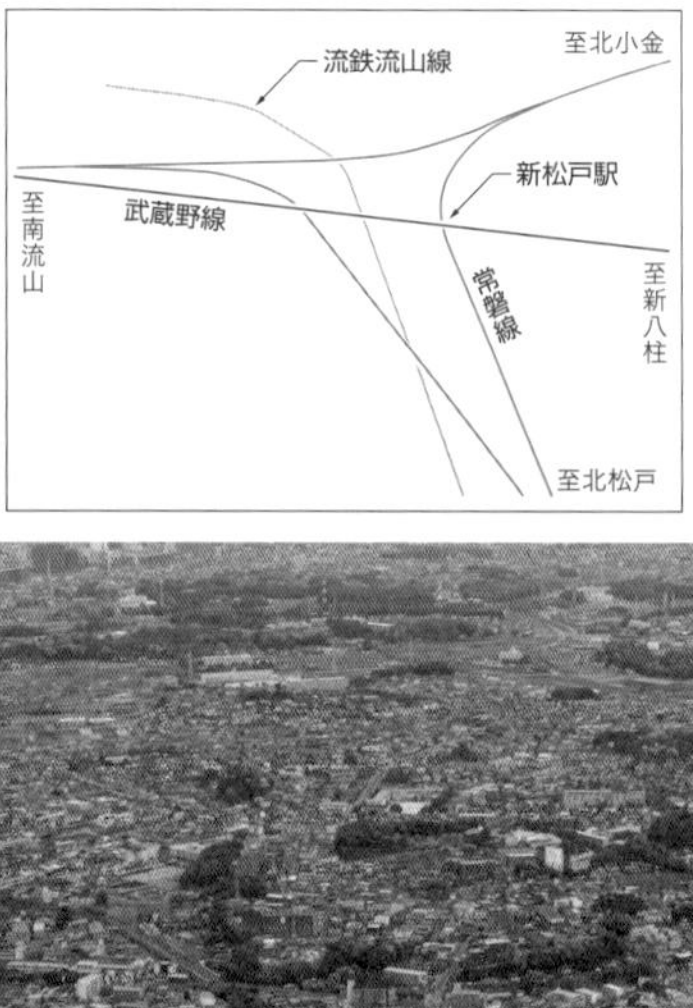

南からみた新松戸駅とデルタ線。常磐線と武蔵野線の貨物列車が行き交う。新松戸駅では常磐線と接続する。手前から右へカーブするのが常磐線。武蔵野線は左右を横切る高架線だ。三角形に縦の線を入れた歪な形状で川沿いに流鉄流山線があって複雑な形に見える。令和3（2021）年5月14日。

塚本駅付近の南東からみる。縦のラインの東海道本線から右へ分岐するのは大正7（1918）年に開通した北方貨物線。高架橋は山陽新幹線だ。デルタ線部分は塚本信号場である。北方貨物線は新大阪駅で再び東海道本線と接続しデルタ線となる。広域写真はP18の右側部分を参照。このデルタ線が写っている。令和3（2021）年5月3日。

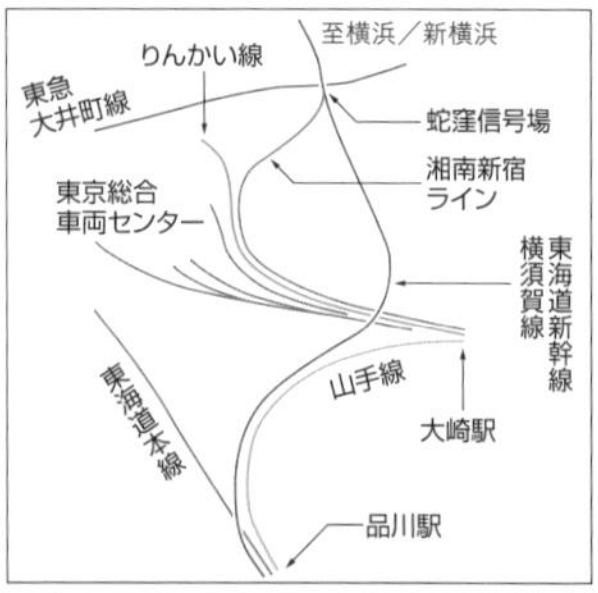

夕焼けに染まる品川と大崎の方向転換の場所。

上写真を90度右から俯瞰。左上が品川駅。方向転換車両はS字で新幹線と並ぶ(湘南新宿ライン)横須賀線を走り右下の蛇窪信号場で停車。折り返し右へ分岐。東京総合車両センター横を通る大崎支線を走り横須賀線を潜って左下の大崎駅で停車。折り返し左カーブする山手線横の山手貨物線を走り品川駅へ戻ると方向が変わる。片方に展望車を連結した客車列車が方向転換を行った。平成24(2012)年8月22日。

## 効率よく方向転換や分岐ができる

三角線はギリシャ文字の「Δ（デルタ）」と形状が似ているから、デルタ線とも言う。効率よく方向転換をしたり、分岐ができたり、便利な線形だ。海外、とくに欧州ではデルタ線が多く、ターミナル駅付近にはデルタ線が配置されている。

日本でのデルタ線がいつ運用され始めたのか。明治27（1894）年には、横浜駅付近でデルタ線が形成されていた。現在の桜木町駅がまだ横浜駅であった時代、西の程ヶ谷（現・保土ヶ谷）駅へ延伸したとき、横浜駅でスイッチバックをする線形となった。これは不便だということで、程ヶ谷〜神奈川（現・廃止。京急神奈川駅近く）間に短絡線を敷設し、デルタ線となった。

デルタ線での方向転換は、車の方向転換をイメージするといい。前進→右折→停止→バックで左にハンドルを回す→停止→前進すると元の道に戻る。それと同じだ。

また形状は三角形ではないものの、品川駅—蛇窪信号場—大崎駅—品川駅は、列車の編成ごと方向転換ができるので、この項で紹介する。

デルタ線で身近に見かけるのは、丁字路交差点で三方向分岐する路面電車だ（P97・4章扉の写真）。鉄道線では名鉄の西枇杷島駅付近にあるもの、JR武蔵野線西船橋駅より南側の、京葉線と合流する地点などが挙げられる。また青森駅南側や武蔵野線は、方向転換ではなく貨物列車などを分岐するための用途がメインだ。

デルタ線は、乗車していると「分岐しているな」程度しか実感が湧かない。その点空撮だと、上空からデルタ線形が街中に描かれているのが一目瞭然である。

庄内川に隣接した名鉄枇杷島のデルタ線。右は名鉄名古屋駅方向。左下は名古屋本線の西枇杷島駅。左上は犬山線だ。左側に線路が数本あるのが名古屋本線と犬山線の短絡線で普段は使用されない。このデルタ線で特急車両の方向転換を実施したことがある。平成26（2014）年8月5日。

デルタ線は新交通システムにも存在する。広島高速交通アストラムラインは広島市交通科学館と隣接して長楽寺車庫がある。そのアクセス路としてどちらの方向とも出入庫可能なデルタ線となっている。令和2（2020）年10月30日。

メガカーブの峠道。出発直後の「SL銀河」号は第2大橋ンネルへ潜り23‰の連続勾配で登ると写真左部分に出てヶ沢橋梁を渡る。陸中大橋駅周辺は僅かな建物しかないが石鉱山全盛時代は沢山の鉱山施設で賑わってた。

# オメガカーブ

## 標高差のある峠を迂回し オメガカーブで越える

急峻な峠を越えるのには、スイッチバックやループ線のほか、勾配を緩くしながら迂回する場合がある。

花巻と釜石を結ぶ釜石線は、足ヶ瀬駅から陸中大橋駅間の標高差が約220mもある。直線距離にして約6㎞なのだが、最大勾配を25‰にして、12・5㎞もの距離を線路が迂回している。

栗の木峠を足ヶ瀬トンネル、土倉峠を土倉トンネルで穿ち、上有住《かみありす》駅を経て鬼ヶ沢橋梁を渡ると、右手の下の方に線路が見える。これから通る線路だ。長さ1280mの第二大橋トンネルへ潜って、右へカーブしながら勾配が下がり、出口の先は陸中大橋駅。先ほど橋梁上から見た線路へ到着する。今度は右手の上の方を見ると、つい先ほど通ってきた鬼ヶ沢橋梁が見える。

線形はギリシャ文字の「Ω（オメガ）」状となってぐるっと山の中で曲がりながら、180度ターンして急な標高差を越えているのだ。

一帯は北上山地の山々に囲まれ、江戸時代より内陸部と沿岸部を結ぶ難所であった。釜石線の前身であり、宮沢賢治「銀河鉄道の夜」のモデルとなった岩手軽便鉄道が大正4（1915）年に開通した際は、現在線よりも北側の仙人峠入口で線路が途切れ、峠を越えられなかった。

釜石側は、釜石鉱山鉄道が鈴子（釜石）～大橋（陸中大橋駅付近）を結んでいた。大橋には釜石鉱山があり、釜石製鉄所へ鉱石を運ぶ鉄道であった。仙人峠と大橋は直線距離約4㎞に対して標高差が約300m。乗客は列車を降りて仙人峠を徒歩か駕籠で約3時間、貨物は索道を伝って大橋駅へ出て、また列車に乗って釜石へ向かったのである。

岩手軽便鉄道は国有化後の、昭和11（1936）年に足ヶ瀬駅から上有住駅経由の工事を開始する。戦時中は工事が中断されるいっぽう、釜石鉱山鉄道と並走して釜石～陸中大橋間の釜石東線が開通。工事が再開されて全線開通したのは昭和25（1950）年だった。峠の徒歩連絡は終戦後しばらくまで続いていた。

余談だが釜石には、日本で3番目の鉄道となった工部省釜石鉄道が明治13（1880）年に開通したが、官営製鉄所の閉鎖によって僅か3年で廃止となった歴史がある。オメガカーブのある場所は、製鉄と共に歩んできた所でもある。

釜石発の上り「SL銀河」号のC58形239号機が煙を上げて登っている。洞泉～陸中大橋間は25‰の登り坂が行く手を阻み速度もかなり遅く感じられた。2枚とも令和3(2021)年9月12日

# スイッチバック

花輪線十和田南駅。大館〜十和田南（開業時は毛馬内）は大正9（1920）年開通。そのまま北上して写真奥の小坂方面へ延伸する計画であったが南東の好摩へと方向転換して延伸されたため平野部タイプのスイッチバック構造の駅となった。駅構内北側には小坂方面へ向かう築堤が僅かに残存する。令和3（2021）年5月26日。

篠ノ井線桑ノ原信号場。篠ノ井駅から善光寺平を回り込みながら連続25‰勾配で登る。篠ノ井線は単線で通過待避と上下列車交換をするため桑ノ原信号場を稲荷山〜姨捨間に設置した。昭和36（1961）年である。勾配途中にある信号場は通過タイプのスイッチバック構造となり本線とクロスして待避線を設けた。写真はクモヤ143形イベント電車が待避線で停車中に定期普通電車が通過するシーンだ。平成26（2014）年7月21日。

立野駅を出発した熊本行き九州横断特急２号が勾配を下る。立野スイッチバックは平成28（2016）年４月の熊本地震により駅の損壊や大規模土砂崩れなど甚大な被害を受け長期間運休となった。復旧工事終了後の令和２（2020）年８月８日に運転再開となる。工事により一部の勾配は33.3‰から33.6‰となった。令和３（2021）年７月26日。

通過線のないZ形の立野駅スイッチバックを真上から捉える。立野駅は右下。熊本地震による部分運休中の南阿蘇鉄道の線路が続く。ここは阿蘇外輪山の入口部分にあたりV字谷を形成する。スイッチバックはこの谷間と外輪山の崖をジグザグに進むが33.3‰の連続勾配が続く。立野スイッチバックは規模が大きく広角で収めるのがやっとであった。令和3(2021)年7月26日。

## 山岳部や平野部、様々な状況で配置されたスイッチバック

一般的な鉄道は鉄車輪が鉄レールの上を転がり、小さな摩擦力（粘着力）で動く。そのため勾配がきついと粘着せず空転しやすい。鉄道は様々な方法や技術を駆使して勾配を克服してきた。そのひとつにスイッチバックがある。

列車が山岳部を越えていくとき、勾配を緩くすれば登り下りしやすい。それには大規模に迂回する、ループ線にして螺旋状にする、いくつかの方法があるなかで、ジグザグに行ったり来たりして登り下りするスイッチバックがある。迂回や螺旋状よりも線路の距離が短くて済むのが利点だ。ただしジグザグに行き来するため、折り返す地点で駅や信号場を設け、乗務員、機関車の交代をするため停車を必要とする。

スイッチバックはいくつかの分類がされていて、一回折り返すタイプ、Z型のように二回以上折り返すタイプ、通過線を設けてスイッチバックする列車と通過する列車が混在する通過タイプと大まかには3種類がある。中には立山に存在する立山砂防工事専用軌道が、18段連続スイッチバックという世界唯一の多段スイッチバックがあるものの、砂防工事専用のため一般には乗れない。

スイッチバックは停車し交代する時間のロスが生じ、どうしてもスピードアップの妨げとなる。やがて技術進歩により、勾配に強い粘着力を持ちパワフルな車両が開発され、たやすく山岳部を越すことができると、スイッチバックは廃止されていった。日本で現役の山岳部にあるスイッチバックは指折り数えるほどだ。

ところで、スイッチバックは山岳部だけにあるものではない。一見して勾配とは無縁な平地にもスイッチバックは存在する。その理由は周囲に河川など障害物があったとか、当初の延伸計画を変更して逆方向へ延伸したとか、市街地のためにそれ以上の延伸が出来ず、止むに止まれず方向を変えたなど様々である。平地といえども乗務員交代などの煩わしさは同じで、時間のロスには変わりない。

2回折り返すタイプの豊肥本線立野駅、通過タイプとして篠ノ井線桑ノ原信号場、平野部タイプでは花輪線十和田南駅を紹介しよう。

# アプト式

長島ダム駅を発車する上り列車がエントランス部に進入する。井川線車両はED90形よりもひと回り小ぶりだ。ED90形新製配備の時は山深く道も狭いためトラック輸送ができない。車体と下回りを分解し井川線で運びアプトいちしろ駅で組み立てた。小ぶりな井川線でも分解すれば輸送できた。

アプト式となったアプトいちしろ駅（写真中）と長島ダム駅（写真左上）間の俯瞰。線路は稜線に沿って一気に駆け上がっている。長島ダムのダムサイトが車窓から望める。90‰はケーブルカーを除いて国内最急勾配である。撮影日は3枚とも平成30（2018）年11月18日。

長島ダム駅に到着後ED90形は構内外れの待避線にて勾配を下る列車を待つ。歯車が車体下部に突出するため通常のポイントだとレールに当たってしまう。アプト式専用のポイントは歯車の逃げを作った特殊な構造だ。

## 急勾配を克服するアプト式観光資源として復活した

かつて群馬・長野県境の信越本線横川～軽井沢間の碓氷峠は、66・7‰を越える急勾配の線路をアプト式というラック式鉄道で乗り越えていた。

ラック式鉄道は、機関車に歯車を装着し、その歯車と噛み合う溝や歯のついたラックレールを軌条中心に設置。二つが噛み合いながら急坂を克服するシステムだ。欧州などで山岳地帯を走る登山鉄道のため開発され、リッゲンバッハ式、シュトループ式、アプト式など、様々な方式が誕生した。

碓氷峠で採用されたアプト式は、ノコギリ歯のような板を3枚ずらして重ね、歯車に噛ませるタイプだ。その他はラック式鉄道を採用する路線がなく、碓氷峠が国内唯一の存在だったが、昭和38（1963）年の碓氷峠でのアプト式廃止によって廃れてしまう。

語り草となったアプト式。もはや国内では見られないと思われていたが、平成2（1990）年10月、静岡県の大井川鐵道井川線で復活した。

路線は長島ダムの建設で一部線路を付け替えるが、高低差があるためループ線など迂回路も検討された。そこで大井川鐵道は観光資源と沿線活性化にもなるとの判断で、90‰の急勾配となる最短ルートとし、アプト式を採用したのである。

井川線は全線ディーゼル機関車牽引の客車列車だ。アプト式区間のアプトいちしろから長島ダム間は非電化路線の中で独立して電化され、専用のED90形電気機関車を新製した。

ED90形はアプトいちしろ駅寄りに連結される。登りは押し上げ、下りは踏ん張りながら引っ張る。エントランス部と呼ぶラックレールの開始部分では、機関車の歯車と自動的に噛み合ってスムーズだ。碓氷峠の時代では噛み合うタイミングは機関士の勘に頼り、ラックレールの歯を削ってしまうこともあって慎重を期したそうだ。

山深く、汽笛がこだまする。車内では急勾配を感じながら約15km／hで5分、長島ダム駅に到着する。平成になって復活したアプト式鉄道は、観光列車として山を登り下りしている。

# 直角平面交差

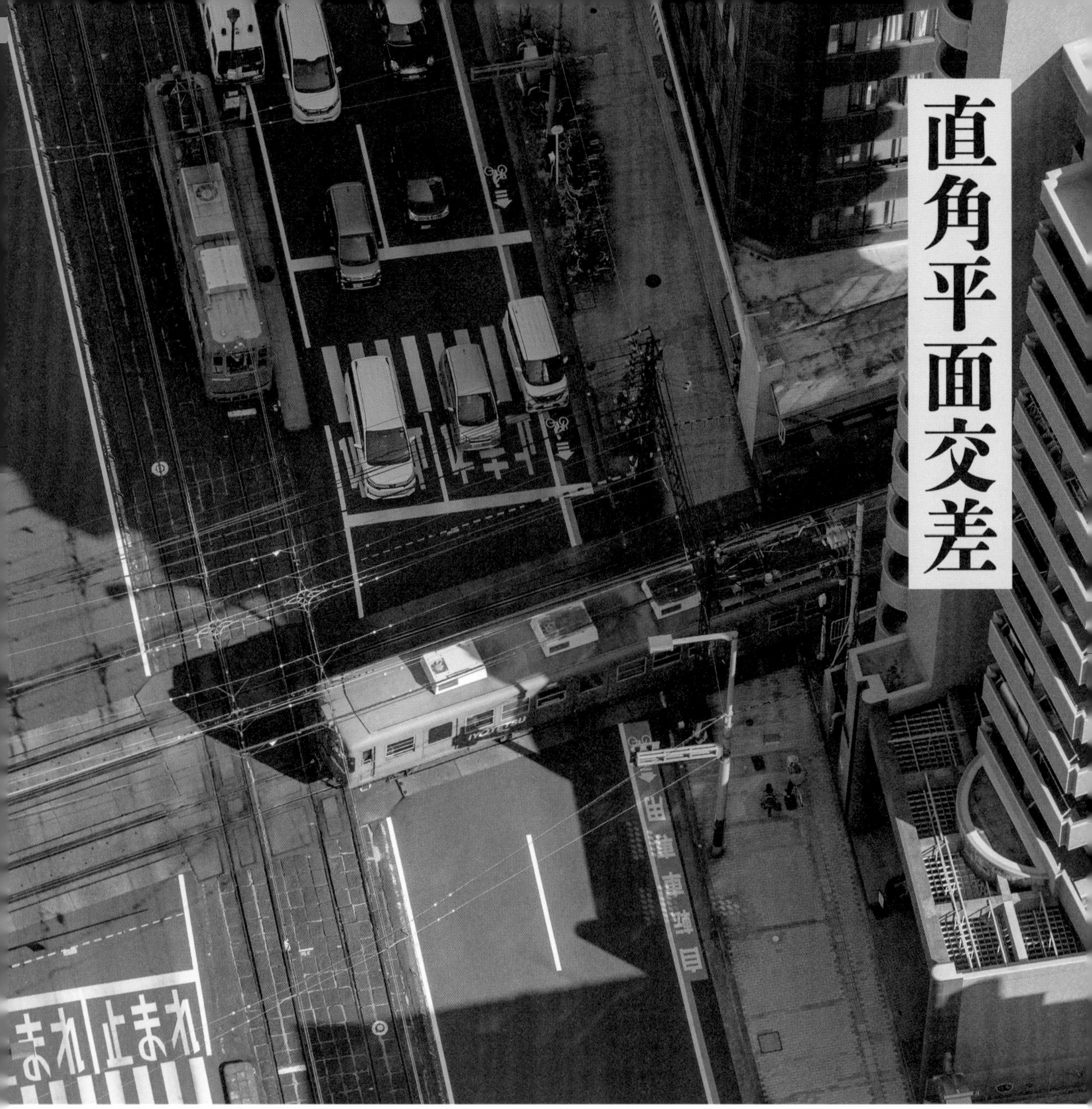


伊予鉄道環状線と高浜線の大手町駅交差部分だ。駅は交差点の横にある。路面電車が待っていると通勤形車両が横切る姿は思わず見入ってしまうほどだが松山では日常。いまや松山名物になっている。坊っちゃん列車も待つことがある。令和2(2020)年10月30日。

## 希有な存在となった十字に平面交差する線路

斜めにクロスする線路は、交差部分を真上から見た形がダイヤの形に似ているので、ダイヤモンドクロッシングという。

ダイヤモンドクロッシングを使用した分岐ポイントは、シーサースクロッシング、シングルスリップ、ダブルスリップなど形状によって名称がある。起終点、複数路線の離合、車両基地など、線路が複雑に交差している場所には至る所で、これらのポイントが多用されている。

ダイヤモンドクロッシングは一般的に「X」字の形状であるが、なかには「十」字形状の直角平面交差が存在する。真上から見ると二本のレールが十字の形で交

名鉄築港線は早朝か夕方のみの運転だ。電車が名電築港駅を通過して名古屋臨海鉄道と平面交差をする。名鉄と臨海鉄道とは短絡線で繋がり新車の授受や廃車解体の際は短絡線を使用する。また名鉄の廃車解体は名電築港駅脇の空き地で実施する。平成28(2016)年1月17日

差するから、「#」の形にも似ている。

直角平面交差は貨物線や工場構内の作業線路といったところに使われるケースが多いが、過去には旅客鉄道も存在した。有名なものは阪急西宮北口駅の神戸線と今津線の交差だ。軌道では、都電などの路面電車も交差点で直角平面交差していた。

しかし、直角平面交差はどちらかの列車が（交差点で待つ車のように）横切る列車の通過を待たなければいけない。旅客列車の運用では待ち時間が生じる。阪急西宮北口駅のケースは今津線を分断させることで、交差を解消した。また路面電車や工場専用線の廃止と運命を共にするなどの要因で、次々と姿を消えていった。

現役は3ヵ所だ。名鉄築港線名電築港駅（貨物駅）の名鉄と名古屋臨海鉄道の交差、とさでん交通はりやまばし交差点の桟橋通・伊野・後免町・高知駅前各方面行きの交差、伊予鉄道大手町駅の高浜線と環状線だ。

名鉄は鉄道線と貨物線、とさでん交通は自社路面電車線同士、伊予鉄道は鉄道線と路面電車と、三者三様の姿をした直角平面交差が現役なのは面白い。ここでは、名鉄築港線と伊予鉄道を紹介する。

# 転車台

真上からみた転車台。C62形2号機が転回して転車台から動き始めた瞬間だ。C62のシリンダーから蒸気が見える。真上から見ると転車台はC62が載ってギリギリの長さなのがよく分かる。

梅小路蒸気機関車館は昭和47(1972)年10月に国鉄時代の鉄道100周年事業一環で開館した。京都鉄道博物館となっても動態保存は変わらない。転車台は設置時が60フィート(18.3m)の長さの上路式(デッキガーター)タイプ。回転部中央の支柱で全体を支えていた。昭和31(1956)年には両端でも支える三点支持の長さ20.45mへ改造されている。

## ほぼ毎日転車台が回り身近に見学できる博物館

　転車台（ターンテーブル）は、蒸気機関車の方向転換に必要な設備だ。海外では電気機関車やディーゼル機関車も転車台を使う国があるが、日本では蒸気機関車や、列車編成入れ替えなどで使用される。機関区、車両基地、駅に設置されている転車台は、稼働している状態をあまり見る機会がないが、ほぼ毎日稼働しているのを間近に見学できる施設がある。

　一ヵ所は静岡県にある大井川鐵道だ。こちらはほぼ毎日SL列車が運行しているので、新金谷駅と千頭駅で転車台が稼働している。もう一ヵ所は京都鉄道博物館だ。

　大正3（1914）年10月10日に梅小路機関庫として発足し、扇形庫や転車台など設備を残しつつ、梅小路蒸気機関車館となった。京都鉄道博物館として再出発しても、動態保存の蒸気機関車がほぼ毎日動き、転車台が稼働している。そこに行けば、動いている蒸気機関車と転車台を間近で見られるのだ。

　蒸気機関車が転車台に乗り、転回して動く。一連の動きは、空からではタイミングを合わせないとお目にかかれない。京都鉄道博物館では転車台が動く時間が決まっているので、その時間を狙って空撮したシーンを紹介する。平成28（2016）年4月29日、梅小路蒸気機関車館から京都鉄道博物館へとなった日に撮影したものだ。

　転車台は1914年の機関庫発足時から存在するもので、扇形庫と付帯設備に含まれて国の重要文化財に指定されている。構内を走るSLスチーム号牽引機は日本最大の蒸気機関車C62形の2号機（撮影時）。扇形庫から転車台へ乗り移った時は長さがギリギリだが、全長21mのC62形も載せられる大型転車台なので、迫力ある姿をつぶさに観察できるのが嬉しい。

# 鉄道連絡船

青森駅外れの旧桟橋第２岸壁に係留する「青函連絡船メモリアルシップ八甲田丸」。車両甲板に車両を入れた状態で保存し見応えは十分だ。現役時代はホーム端の跨線橋からターミナルへ行き乗船した。八甲田丸は青函航路の最終日運航に就いた船だ。令和3（2021）年5月26日。

宮島航路は明治36（1903）年に山陽鉄道（現・山陽本線）が宮島渡航会社
の桟橋・航路・船舶を買収。宮島へアクセスする鉄道連絡船となったの
が始まりで現在はJR西日本宮島フェリーだ。手前ですれ違う赤帯の
隻がJRの船で奥の青帯は宮島松大汽船。写真左がJR宮島口桟橋で
方向が宮島・厳島神社となる。令和2（2020）年10月30日。

車両航送は青森港の岸壁が整備された大正14（1925）年4月から開始。八甲田丸の船尾側に車両積み込み用の架道橋が保存されている。令和3（2021）年5月26日。

## 海に囲まれた国内には必要不可欠であった連絡船

鉄道連絡船と聞くと、思い浮かべるのは青函連絡船か宇高連絡船だ。津軽海峡を航行し青森と函館を結ぶ青函航路と、瀬戸内海を航行し宇野と高松を結ぶ宇高航路は、旅客や貨物、鉄道車両を航送し、日本の鉄道大動脈の一端を担っていた。

青函航路は明治41（1908）年〜昭和63（1988）年の80年間、宇高航路は明治43（1910）〜昭和63（1988）年の78年間、海で隔たれた線路と線路の橋渡し役として、様々なドラマを生みながら大活躍し、青函トンネルと瀬戸大橋の開通により使命を終えて幕を閉じた。

鉄道連絡船は明治時代から全国で計15航路誕生しては消えていった。全て鉄道車両を運ぶものと思いがちだが、車両航送をしない鉄道連絡船のほうが多かった。初の鉄道連絡船は明治15（1882）年から7年間就航した太湖汽船会社による琵琶湖航路で、東海道本線が全通するまでの間、琵琶湖を挟んだ長浜と大津を結んだ。線路が結ばれ役目を終えるまで、官営鉄道と連携し、船と鉄道の連絡切符を発売しながら旅客と貨物を輸送し、時刻も接続していた。

鉄道連絡船は、鉄道未開通区間の補完的役割、島との連絡、海峡連絡、樺太・朝鮮半島連絡の役目を担って新設された。北から、稚泊航路（稚内〜大泊）、青函航路、琵琶湖航路、山陰航路（舞鶴〜境）、宇高航路（上記のほか、岡山〜高松）、多尾航路（尾道〜多度津）、仁堀航路（仁方〜堀江）、宮島航路（宮島口〜宮島）、大島航路（大畠〜大島）、門徳航路（門司〜徳山）、関門航路（下関〜門司）、関釜航路（下関〜釜山）、博釜航路（博多〜釜山）、大村湾航路（早岐〜長与）である。

この中で唯一残る鉄道連絡船が宮島航路である。国鉄からJR西日本へ継承され、現在でも鉄道時刻表に掲載されている航路だ。厳島神社の参拝客など観光客と、島の貴重な足として活躍している。

特殊構造の宝庫

# 箱根登山鉄道

検車区のある入生田駅三線軌条。右下のポイント部分の構造に注目。ポイントの可動部が多く複雑な動きと構造だ。入生田駅にあるポイントは1067mmのみが分岐する。平成30(2018)年11月16日。

令和元(2019)年10月12日の台風19号により沿線数ヵ所で被災。一番酷かったのが山の斜面崩落によって小涌谷駅手前の蛇骨陸橋の橋桁が流出した。大規模な復旧工事を行い翌年の7月23日に運転再開。復旧した蛇骨陸橋を小涌谷駅方向からみる。令和2(2020)年10月22日。

仙人台信号場〜宮ノ下駅間の中の沢橋梁は半径30mだ。急曲線通過時には車両の散水タンクから水を噴射して軋む音を和らげている。令和2(2020)年10月7日。

## 80‰連続勾配に急曲線 スイッチバックと三線軌条

箱根登山鉄道は、80‰勾配、3度のスイッチバック、半径30mの急曲線、異なる軌間同士の三線軌条と、特殊な線路や線形のオンパレードである。

「箱根の山は天下の険」と謳われた山々を縫う箱根登山鉄道は、小田原〜強羅間を結び、大正8(1919)年に開通した。沿線の温泉地を通り、箱根観光の足となっている。アプト式など特殊な補助装置を持たない普通鉄道では、最も急勾配を

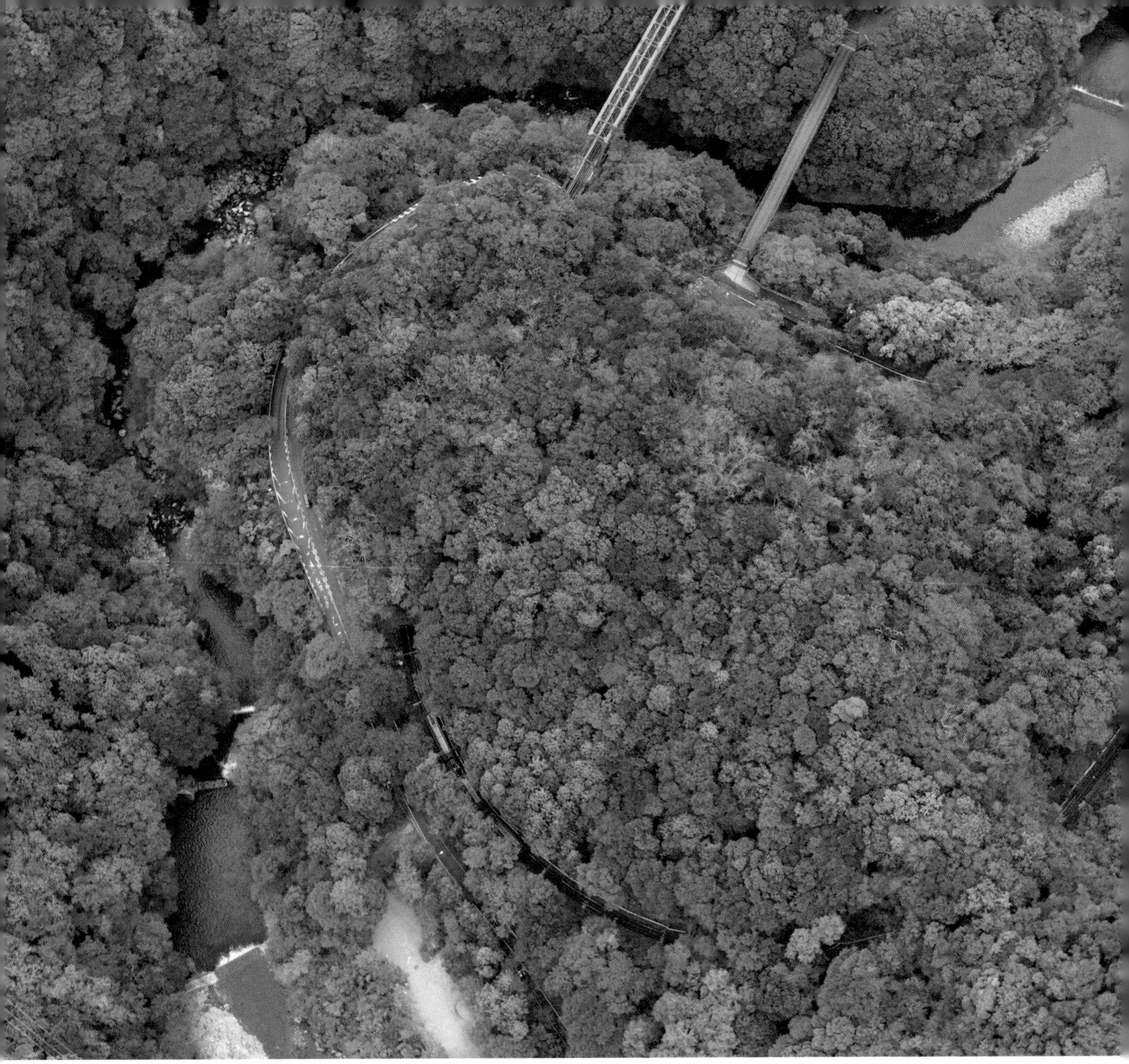

塔ノ沢～大平台間の早川橋梁（出山の鉄橋）と出山信号場のスイッチバックを真上気味にみる。左上が早川橋梁だ。長さ63mのトラス橋で東海道本線旧天竜川橋梁を譲渡され建設した。線路はぐるっと山肌を回りながら登り出山信号場へ。スイッチバックしてトンネルへ潜り大平台駅へと登っていく。令和2（2020）年10月7日。

行く鉄道である。

線路は等高線をなぞりながら、温泉脈や景観に配慮して敷設されている。スイッチバックは出山信号場、大平台駅、上大平台信号場の3ヵ所だ。また等高線をなぞる線形のために、半径30mの急曲線が4ヵ所もあって、3両編成の電車は連結面を目一杯横にずらしながら、車体を折り曲げるかのように曲がる。

特殊な構造は山間部だけではない。箱根登山鉄道の軌間は1435㎜の標準軌を採用しており、箱根湯本まで乗り入れる小田急電鉄は1067㎜軌間である。両社の異なる軌間をまとめるため、片方のレールをダブルに敷き、合計3本のレールとなる三線軌条だ。英語では dual gauge と呼ぶ。

箱根登山鉄道の三線軌条区間は、平成18（2006）年までは小田原～箱根湯本間であったが、同区間が小田急車両のみの運行となって標準軌部分は撤去された。現在の三線軌条は入生田検車区のある入生田～箱根湯本で、箱根登山鉄道の車両は回送電車が走る。

箱根登山鉄道は都心からもアクセスが良く、こんなにも特殊な構造が凝縮している面白い鉄道である。

# ちょっと個性的な新幹線駅

# 奥津軽いまべつ駅

津軽今別駅時代は簡易的な相対式ホームがあり西側を津軽線津軽二股駅が寄り添っていた。奥津軽いまべつ駅は橋上駅舎の立派な建屋となり津軽線もホームは変わらずだが道の駅が併設された。貨物列車の第99列車が駅の横を通過して本線と合流し青函トンネルを目指す。3枚とも令和3(2021)年5月26日。

「はやぶさ11号」が通過する。駅の南側には保線施設も併設されており非電化線の保線用線路と基地が配置されている。スノーシェッド内はポイントがあり在来線の貨物列車は新幹線の隣の線路を走る。

津軽線から分岐した線路が北海道新幹線(旧・津軽海峡線)と合流する新中小国信号場。津軽線は横の細いライン。北海道新幹線の軌間は1435mmで在来線は1067mmのため三線軌条だ。その距離は青函トンネルを潜った先の湯の里知内信号場まで約82km。三線軌条としては最長である。

## 本州最北でありJR北海道最南端である新幹線駅

津軽今別駅という駅をご存知だろうか。本州と北海道を結ぶ青函トンネルが

完成し、昭和63（1988）年に開通した海峡線の本州側最北駅であり、JR北海道管轄の最南端駅であった。
津軽今別駅は平成28（2016）年3月の北海道新幹線開通に合わせ、北海道新幹線の「奥津軽いまべつ駅」となった。今度は本州最北でありJR北海道最南端の〝新幹線の駅〟へと出世したのだ。
ここは単なる新幹線駅ではない。在来線の線路も存在している。青函トンネルは、新幹線と在来線貨物列車が併用するのだ。在来線は新中小国信号場から津軽線と別れて北海道新幹線へ合流。在来線の線路は奥津軽いまべつ駅構内手前にて、新幹線ホームを挟み込んでホーム脇へ逸れ、再び本線と合流する構造だ。
目に見えないところになるが、新幹線の電圧は交流2万5千ボルトであり、在来線の交流2万ボルトでは走行できない。JR貨物は複電圧対応の交流電気機関車EH800形を新製配備した。青函トンネルを使用する在来線は、実質的に貨物列車のみ。時間帯によっては北海道新幹線車両と貨物列車がすれ違うこともあり、供用区間では風圧による貨物の荷崩れが懸念され、通常では160㎞／hに抑えられている。

# 盛岡駅

盛岡駅を南東方向からみる。左の河川は雫石川。秋田新幹線の分岐地点は写真中心より上ほどにあり地上では山田線が右へ分岐している。令和3(2021)年5月26日。

秋田新幹線「こまち」は「はやぶさ」と併結して盛岡駅14番線へ停車すると「こまち」が先に切り離され発車する。上りは先に「はやぶさ」が11番線へ停車して「こまち」を待つ。「こまち5号」が発車して分岐したところ。令和3(2021)年8月11日。

盛岡駅の手前から「はやぶさ5号・こまち5号」の駅進入シーンを狙う。2分間の停車で「こまち」が先に発車する。上りは「はやぶさ14号・こまち14号」が別々に入線して連結作業を行っている。令和3(2021)年8月11日。

## 東北新幹線から分岐する山形新幹線と秋田新幹線

東北新幹線には福島駅で山形新幹線、盛岡駅で秋田新幹線が分岐する。どちらの新幹線も在来線を改軌して乗り入れるミニ新幹線方式で、山形新幹線は奥羽本線、秋田新幹線は田沢湖線を使用する。

国鉄時代は、東海道・山陽新幹線と東北・上越新幹線が開通し、博多、新大阪、東京、上野、新潟、盛岡と、全国新幹線網の骨組みが形成された。この時点では大宮駅の先で東北・上越新幹線が分岐する以外は、車両基地を除いて分岐は存在しなかった。JRとなってから新幹線の

# 福島駅

福島駅を北方向からみる。山形新幹線の高架橋が分岐して勾配を下げる構造が分かる。写真手前は東北本線の他に福島交通と阿武隈急行の線路も並走する。3枚とも平成28（2016）年11月10日。

「つばさ」は山形新幹線に入りカーブしながら高架線を下っていく。地上では1435mm軌間の奥羽本線が左へカーブし写真上付近で合流する。

「つばさ」は東京駅から「やまびこ」と併結され福島駅14番線で切り離す。時間帯によっては13番線を東北新幹線「はやぶさ」「こまち」が通過するため発車直後の「つばさ」と併走シーンも見られる。

分岐駅が誕生した。福島駅が最初だ。

遡ること昭和45（1970）年、全国新幹線鉄道整備法が公布され、3年後に奥羽新幹線の計画が決定。国鉄は建設費抑制のためにミニ新幹線を研究し、分割民営化直後に山形新幹線として着工した。奥羽本線の線路を標準軌に改軌して、スイッチバック施設を除く橋梁やトンネルといった既存の鉄道施設をそのまま使用する。

東北新幹線福島駅は下り14番線が未使用であったため、その番線を活用した。上下列車が同じ番線を使用し、奥羽本線へのアプローチは新幹線高架橋から連絡線を伝って繋がっている。

もう一ヵ所の盛岡駅は、秋田新幹線が分岐する。山形新幹線と同じくミニ新幹線として整備が決まり、田沢湖線を改軌した。新幹線分岐駅としては、福島駅に次いで2番目である。

分岐箇所は駅の北側にあり、田沢湖線側が高架化となり、秋田新幹線の高架橋としばらく併走して地上に下りる。

今後は分岐駅も増えるかもしれないが、現状ではこの2駅である。

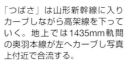

# 大曲駅

写真の真ん中の線路が単線の田沢湖線。「こまち」がカーブを曲がって右方向の大曲駅へ入る。スイッチバックした後に秋田へ向け奥羽本線を行くところ。奥羽本線は狭軌で秋田新幹線は標準軌。二つの軌間が隣接している。複線の奥羽本線の片側を標準軌に改軌して（神宮寺〜峰吉川間は三線軌条）別居する形となった。3枚とも令和3（2021）年5月27日。

大曲駅12番線乗り場に停車した「こまち95号」。折り返すために数分停車する。線路は途切れ隣には除雪車が留置され新幹線駅とは想像しにくいほど在来線の雰囲気が漂う。

大曲駅へ進入する「こまち95号」。出発時は田沢湖線の隣の線路を伝って奥羽本線側を走る。最高速度320km/hで走行できるE6系が方向転換する様はのどかに感じられる。

## 新幹線唯一のスイッチバック駅

新幹線がスイッチバックをする。山岳をジグザグに駆け上がる新幹線などあるのかと思うが、山岳路線ではなく平坦な駅でのスイッチバック作業である。場所は秋田新幹線大曲駅だ。

大曲といえば全国花火競技大会が有名である。駅には、奥羽本線の普通電車と田沢湖線の秋田新幹線が往来する。

大曲駅の構造は、田沢湖線が新庄方向（南方向）へ向いて分岐しているため、秋田へ向かう場合はスイッチバックする必要がある。

秋田新幹線は在来線の軌間を標準軌に改軌して在来線と共用する、ミニ新幹線方式を採択した。線路配置を変更するなど大掛かりな工事をせず、既存の駅構造を踏襲している。

もし駅改良を行ったとしたら、田沢湖線の線路取り付け位置を変更し、大曲駅は秋田方向へ移動したかもしれない。または、田沢湖線の線路を南側へ付け替えをしたか。その場合は用地買収など課題が多く現実的ではない。現実は、新幹線で唯一スイッチバックする駅となり、大曲駅に全ての「こまち」が停車する。

# 博多南駅

博多南線は昭和50（1975）年の山陽新幹線博多開通時には存在せず博多総合車両所への回送線であった。博多駅から車両所までの距離8.5kmを在来線へ旅客化した。JR西日本が管理する最南端の駅だ。開業時は運賃+100円の特急料金で乗車できた。左下の九州新幹線高架下付近が駅舎。2枚とも令和3（2021）年7月27日

700系レールスターが停車するところが博多南駅である。駅は片面ホームと小ぶりな駅舎があって目の前は新幹線車両が休む車両基地だ。博多南駅発は一時間に朝が4本、日中〜夜は約2本。通勤時に本数が多く設定され、500系、700系、N700系が運用につく。ホームの長さが8両分のため、16両編成の列車が運行されることはない。

## 地域の足となっている在来線の新幹線駅

新幹線の路線は法律上「新幹線鉄道」であり、在来線の「普通鉄道」とは区別されている。ただし、博多〜博多南駅までの博多南線は普通鉄道となっている。1980年代は車両所の周囲がベッドタウンとして発展し、交通インフラは路線バスのみと心細く、昭和63（1988）年に福岡市、春日市、那珂川町が回送線の旅客化を陳情した。そこでJR西日本が在来線として運輸省（当時）に申請し、運輸省認可を受け、平成2（1990）年に在来線の博多南線が開業した。

博多南駅は、山陽新幹線終着駅のさらに先の駅となった。在来線といっても線路設備は新幹線そのものであり、新幹線車両が地域の生活の足となる。

博多南駅は平成13（2000）年に九州新幹線が着工されてから一変した。車両所北側で途切れていた九州新幹線用の高架橋が南へ延伸され、駅舎は高架下となる。また博多南線のおかげで沿線利用者も年々増加し、現在は回送列車転用だけでなく、博多南線のみを運行する列車もある。

# 新八代駅

新八代駅全景。鹿児島本線を跨ぐ形で九州新幹線の駅が交差する。平成23(2011)年3月の新幹線全通までは暫定的な終着駅であった。弧を描くのがアプローチ線である。当初は八代駅を接続駅と設定していたが八代駅から直線で2kmの田園地帯へ新八代駅を設置した。2枚とも令和3(2021)年7月26日。

フリーゲージトレインの試験は改良と中断を繰り返し平成28(2016)年から新八代駅で試験を行ったのち車軸の摩耗が課題となって中断している。なお令和4(2022)年開通予定の九州新幹線西九州ルートではフリーゲージトレイン導入を検討していたが断念した。熊本総合車両所に留置される3代目フリーゲージトレイン車両。

## 同一ホーム乗り換えと軌間変換試験が行われた

新八代駅は、九州新幹線が博多〜鹿児島中央間を全線開業するまでは、新八代〜鹿児島中央が暫定的な路線であった。

新八代駅北側の鹿児島本線には新幹線用レール授受設備を設け、九州新幹線へ繋がるアプローチ線を建設した。在来線特急「リレーつばめ」はこのアプローチ線へ乗り入れて、新幹線と同一ホームへ到着する運転を行う。新幹線と在来線列車の同一ホーム乗り換えは全国初であり、利便性を高めた運用がされた。

アプローチ線には線路が複線で敷かれ、片方は軌間可変装置の試験に使用された。将来的には標準軌の新幹線と狭軌の在来線を相互乗り入れするなど、鉄道総合技術研究所が軌間可変電車走行試験線を設置して研究した。

リレーつばめ号による同一ホーム乗り換えは、九州新幹線全通によって終了。アプローチ線には、軌間可変装置と標準軌へ改軌された保線設備が設置されている。今後の新幹線と在来線の同一ホーム乗り換えは、西九州ルートと佐世保線との接続駅である武雄温泉駅で行われる。

コラム

# セスナ機よりも早く去った新幹線車両

神田駅北側付近の上野東京ライン工事現場を走る東京行き200系K47編成。

東急東横線大倉山駅付近ですれ違う700系と300系。平成22(2010)年9月9日。

３００系初代のぞみは、空撮を始めてからたまに出会う車両だった。Ｎ７００系に世代交代しているときで、出会うタイミングは少なかったが、ロングノーズではない前面形状は遠くからでもすぐに分かった。

後継の７００系はまだまだ走っていたものの、Ｎ７００系がデビューして数が減り、出会えなくなった。

写真は新横浜駅の東側で撮った一枚である。３００系と７００系のすれ違いシーン。何気ない一枚であったけど、初個展「空鉄」のメインビジュアルとなった。３００系も７００系も引退となり、この並びはもう撮れない。７００系はまだＪＲ西日本で使用されているから、完全なる引退ではないけれども。

２００系は、神田駅付近の上野東京ライン工事現場と絡めている。撮影したのは、平成25（２０１３）年３月30日だ。

東京駅へ到着してファンに囲まれるK47編成。700系の姿もいまとなっては思い出だ。

この日はデビューしたてのＥ６系「こまち」の空撮だ。その前には上り線では「さよなら２００系やまびこ号」が走ってくる。秋葉原駅から東京駅へ２００系を追った。上野東京ラインが完成する前のため、複雑な工事中のシーンも絡め、２０１３年っぽい出来事が一枚に詰まった。

ふと、眼下で出会ってきた新幹線の車齢と、いつも搭乗するセスナ機の運用年数を比べてみた。圧倒的に新幹線車両のほうが短く、セスナ機はメンテしながら30年以上飛行している。中には約半世紀も飛んでいるものもある。空撮する機体の方が長生きだ。

# 参考文献


週刊「歴史でめぐる鉄道全路線」国鉄・ＪＲ・大手私鉄・公営鉄道・私鉄　各号
（朝日新聞出版）２００９～２０１０年

週刊「鉄道データファイル」各号（デアゴスティーニ）

「鉄道による貨物輸送の変遷」太田幸夫（富士コンテム）２０１１年

「広島電鉄の文化と魅力」大賀寿郎（フォト・パブリッシング）２０２０年

「トコトコ登山電車」渡辺一夫（あかね書房）１９８５年

「鉄道ダイヤ情報」各号（交通新聞社）

「鉄道ピクトリアル」各号（電気車研究会）

「地図で歩く鉄道の峠」今尾恵介（けやき出版）１９９７年

「日本鉄道史―技術と人間」原田勝正（刀水書房）２００１年

「日本鉄道史幕末・明治篇」老川慶喜（中公新書）２０１４年

「新幹線の歴史」佐藤信之（中公新書）２０１５年

「写真と図解で楽しむ　線路観察学」石本祐吉（アグネ技術センター）２００８年

「ＪＲ路線大全　鹿児島・日豊・長崎本線」（天夢人）２０２１年

「東京駅１００見聞録」佐々木直樹（日本写真企画）２０１４年

「山手線駅ものがたり」南正時（天夢人）２０２０年

「東京人」各号（都市出版）

「渋谷駅１００年史」（日本国有鉄道渋谷駅）１９８５年

「鉄道廃線跡を歩く」各巻　宮脇俊三（ＪＴＢキャンブックス）

「鉄道構造物を探る」小野田滋（ＪＴＢキャンブックス）２０１５年

「鉄道連絡船細見」古川達郎（ＪＴＢキャンブックス）２００８年

「日本奥地紀行」イザベラ・バード（平凡社）２０００年

「梅小路１００年史」西日本旅客鉄道　２０１５年

「江ノ電の１００年」江ノ島電鉄　２００２年

国土地理院地形図

新横浜駅付近を移動中F/A-18E戦闘機のNF412番が眼下をパスした。米軍機とは時々交差するが戦闘機は初めて。開いた窓から撮影した直後に固定窓の右席から700系と交差するところを撮影。これは相当トリミングしている。3630万画素カメラで撮影したから何とか使えた。


Profile

**吉永陽一**（よしなが・よういち）

1977年、東京都生まれ。大阪芸術大学写真学科卒業後、建築模型会社で模型製作に携わり空撮写真と出会う。空撮会社へカメラマンとしてフリーランス登録後、空撮のキャリアを積む。2004年、有限会社福聚設立。空撮以外には鉄道をはじめ紀行取材も行い、陸空で活動。

編　集　　揚野市子（天夢人）
デザイン　板谷成雄
校　正　　くすのき舎

# 空鉄 諸国鉄道空撮記

2021年10月26日　初版第1刷発行

著　者　　吉永陽一
発行人　　勝峰富雄
発　行　　株式会社天夢人
〒101-0054　東京都千代田区神田錦町3-1
https://temjin-g.com
発　売　　株式会社山と溪谷社
〒101-0051　東京都千代田区神田神保町1-105
印刷・製本　大日本印刷株式会社

●内容に関するお問合せ先
天夢人　電話03-6413-8755
●乱丁・落丁のお問合せ先
山と溪谷社自動応答サービス　電話03-6837-5018
受付時間　10時-12時、13時-17時30分（土日、祝日除く）
●書店・取次様からのお問合せ先
山と溪谷社受注センター　電話048-458-3455　FAX048-421-0513
●書店・取次様からのご注文以外のお問合せ先
eigyo@yamakei.co.jp

・定価はカバーに表示してあります。

Printed in Japan
ISBN978-4-635-82341-8